조강환의
건강100세

J·M미디어

머리말

이 세상에서 가장 소중한 가치는 무엇일까. 그것은 생존이다. 그것도 건강한 생존이다. 건강한 몸을 가지지 않고서는 좋은 아버지 어머니, 좋은 아들딸, 좋은 이웃, 좋은 스승, 좋은 제자, 좋은 기업인, 좋은 공직자, 용감한 군인이 될 수 없다. 건강한 몸을 가지지 않고서는 조국에 충실할 수도 없고 인류의 행복에 이바지할 수도 없다.

이 세상에 병은 수천 가지이나 건강은 하나밖에 없다. 건강하게 사는 것이야말로 가장 위대한 명제다.

우리는 살아가면서 기대조차 하기 힘들거나 아예 불가능하다고 생각했던 일이 실제로 일어나는 것을 기적이라고 한다. 그러나 기적이란 특별한 것이 아니라 하루를 아무 탈 없이 잘 보내면 그것이 기적이다. 행운도 아주 드물게 찾아올 수 있는 것으로 알고 있다. 그러나 아픈데 없이 하루하루를 잘 지내면 그것이 행운이다. 행복도 특별한 것이 아니다. 좋아하는 사람들과 웃고 편안하게 지내면 그것이 행복이다.

3금이란 황금, 소금, 지금이다. 황금이나 소금의 가치에 대해 언급할 필요는 없을 것이다. 그리고 지금, 바로 오늘이야말로 지상 최대, 최고의 큰 선물이다. 하루하루가 하늘이 내게 주신 아주 특별한 선물이다. 매일 매일이 내가 소생한 날이고 내가 부활한 날이다. 나는 어젯밤 잠자리에 들었다가 오늘 아침 무사히 깨어났다. 어제 밤 사이에 돌아가신 그 많은 경우를 생각하면 나는 오늘 아침 부활한 것 아닌가. 특히 70이 넘어서부터는 하루하루가 참으로 소중한 선물이다. 오늘이 인생의 마지막 날일 수도 있는데 그토록 소중한 날에 스트레스를 받을 이유가 없고 그토록 탐욕에 허덕일 필요도 없고 누구를 원망하거나 미워할 이유도 없지 않은가.

하늘이 우리에게 주신 가장 큰 선물 두 가지가 있다. 눈물과 웃음이다. 이것은 지구라는 이 행성의 유독 사람에게만 특별히 주어진 선물이다. 눈물에는 치유의 힘이 있고 웃음에는 건강이 담겨 있다. 기쁨은 즐기는 것이고 슬픔은 견디는 것이다. 사랑은 주는 것이고 미움은 삭이는 것이다. 건강은 지키는 것이고 병마는 벗하는 것이다. 기쁠 때 몸 안팎으로 드러나는 가장 큰 액션이 웃음이다. 기쁨이나 웃음이 바로 행복인데 그 행복을 누가 만들어 당신에게 선물할 것인가. 그것은 바로 당신이다. 당신의 마음속에서 당신의 마음 먹기에 달려있다.

육체가 늙어가는 것은 피할 수 없는 일이다. 이 세상에 실제 나이보다 더 젊은 사람은 많지 않다. 그러나 실제 나이보다 더 늙어버린 사람은 너무나도 많다. 당신은 어떤가? 당신의 육체가 본래의 나이로 찾아가고 나아가 더 젊어지게 해야 하지 않겠는가. 최근엔 '노화는 정상이 아니라 질병이다. 질병은 치료할 수 있다. 지연시키고 중단하고 역전시킬 수 있다.'는 주장이 널리 알려져 있다.

1800년대 조선시대 백성의 평균수명은 35세 전후였다. 그러나 불과 200년이 지난 지금의 대한민국 국민의 평균수명은 85세 수준으로 무려 50년, 반세기나 늘어났다. 장수(長壽)는 이제 특수한 것이 아니라 보편적 현상이다. 지금은 얼마나 오래 사느냐가 아니라 얼마나 건강하게 오래 사느냐가 중요하다. 건강은 유전적 요인보다 생활양식이나 환경이 결정한다. 이 엄청난 스트레스의 시대에서 올바른 식생활과 생활 습관, 마음가짐이 중요하다.

'9988 234' 10여년 전부터 널리 퍼진 유행어다. 한마디로 오래오래 건강하게 살다가 한순간에 잠들자는 것이다. 죽음이란 드라마에서처럼 그렇게 아름다운 모습이 아니다. 경우에 따라서는 참으로 견디기 힘들고 처참한 모습이다. 늙으면 모두 들 요양원에 가게 되지만 요양원 가기를 바라는 노인은 거의 없다.

아는 것이 힘인데 바로 '아는것이 무병장수'다. 질병이나 건강에 대해 많이 알고 현명하게 대처해야 건강하게 장수할 수 있다. 환경적 요인, 생활 습관, 산화 스트레스, 면역력, 성장 호르몬 변화 등에 관심 갖고 병원의 질병기업(疾病企業)에도 대처해야 한다. 그중에도 과식 절제와 운동은 필수적이다. 암(癌)자를 보면 입구(口)자가 세 개나 들어 있다. 그것은 과식하지 말라는 뜻이다. 그래야 오래 오래 건강하게 장수하다가 이 방에서 저 방으로 문턱 넘어가는 정도의 편안한 죽음을 맞이할 수 있다.

무병장수가 전 인류의 최대명제다. 이젠 80대는 청년, 90대는 장년, 100세는 초로(初老)의 자세로 오래도록 젊음을 유지하자.

이 책은 동아일보 동우회에서 발간하는 '동우회보'에 근 8년간 연재하던 '조강환의 건강백세'를 모아 편찬한 것이다.

2023년 12월 1일   조강환

차 례

차 례

조강환의 건강100세

무병(無病) 불로장생(不老長生)의 텔로미어

'나이 들면 늙는 것은 이제는 자연의 이치가 아니다. 신의 섭리는 더 더욱 아니다. 노화는 운명이 아니다. 노화는 흔히들 걸리는 감기처럼 치료하면 낫는 질병일 뿐이다. 노화는 예방할 수 있고 치유할 수 있다.'

20세기 들어 인간은 어떤 최첨단 과학기술을 동원해도 120년 이상 살 수 없다는 과학적 사실이 밝혀졌다. 그러나 2009년 노벨의학상 수상으로 텔로미어 이론이 입증되면서 이야기가 달라졌다. 노화와 죽음, 수명, 그 모든 것의 근원이 명백하게 드러났다. 염색체 끝 부분에 존재하는 텔로미어만 제대로 보존하면, 그래서 텔로미어가 손상을 입거나 짧아지지 않고 길이를 유지한다면 120세, 150세는 물론 언제까지고 건강하게 살아갈 수 있다는 것이다.

분자생물학자 캐럴그라이더와 생물학자 엘리자베스 블랙번 캘리포니아대교수, 유전학자 잭 조스택 하버드대교수는 텔로미어의 기능에 대한 다양한 연구성과와 1984년에 텔로머라제(Telomerase)를 발견한 공로로 노벨상을 수상했다. 텔로미어와 텔로머라제는 질병이나 노화 차원을 넘어 인간의 수명에 대한 인식까지도 근본적으로 바꿔주는, 인류가 발견해 낸 가장 획기적인 것이다. 이것이 최근 의료계와 과학계가 텔로미어에 주목하게 된 이유다.

2016년 3월13일 서울에서 열린 대한항노화학회 학술대회에 초청된 에드워드 박 리차지바이오메디컬 원장은 "항노화기술은 이미 충분히 발전돼 있고 150세 시대는 예상보다 빨리 온다. 인공지능(AI)의 도움으로 급진전할 가능성도 있다"고 밝혔다. 박원장은 텔로미어를 연구하는 학자로 텔로미어 활성화효소를 판매하는 미국의 한 건강기능식품제조사의 자문역도 맡고 있다.

우리 몸 안에 있는 모든 세포의 핵에는 23쌍의 염색체가 있다. 소시지 2개가 나란히 붙은 것처럼 생긴 이 염색체들은 기나긴 DNA의 행렬이 실타래처럼 감겨 만들어졌다. 염색체를 구성하는 DNA는 성별이나 피부색부터 새끼손가락의 길이까지 우리 몸의 모든 것을 결정짓는다. 이런 DNA의 일종인 텔로미어는 우리 수명과 직결되어 있다. 우리 몸에는 수십개조의 세포가 있다. 이 세포들은 계속 맹렬히 분열한다. 이때 염색체 내부의 DNA가 손상되면 세포에 이런저런 문제가 생긴다.

돌연변이가 일어나 암세포가 되어버리는 수가 많다. 중요한 것은 세포가 분열할 때마다 텔로미어의 길이가 줄어드는데 너무 짧아지면 세포에 노화가 와서 더 이상 분열하지 못하고 죽게 된다.

그 결과가 신체의 갖가지 노화현상이다. 암이나 동맥경화, 알츠하이머, 관절염, 에이즈, 피부노화 등을 겪고 있는 사람들의 텔로미어는 길이가 대부분 0에 가깝다. 텔로미어 길이가 단축되는 주요 원인으로는 극심한 스트레스, 높은 혈당, 염증, 흡연, 비만 등으로 많이 먹는 습관, 오랜 시간을 앉아서 보내는 생활 등이 있다.

그런데 텔로미어의 길이가 오히려 늘어날 수도 있음이 과학자들에 의해 밝혀졌다. 이를 가능케 해주는 것은 텔로머라제라는 효소다. 과학자들은 인간의 피부 샘플에 텔로머라제를 활성화하는 유전자를 주입했다. 그러자 세포 내에서 텔로머라제가 만들어지면서 그 세포는 영영 죽지 않고 끝없이 분열을 반복했다. 이들 세포내의 텔로미어가 오히려 길어졌다.

인간은 하늘을 날 수 없다는 보편적 진리가 100여년 전에 깨졌듯이 모든 인간의 생로병사라는 보편적 진리 또한 깨질 것인가. 텔로미어 이론을 응용해 우리는 진정한 무병장수시대에 돌입할지도 모른다. 전쟁보다 무섭다는 치매는 물론 암, 심장질환, 당뇨병, 시력 저하, 청각 손실 같은 각종 질병으로 고생하지 않고도 120세 이상 오래 살 수 있다는 것이다. 앞으로는 많은 사람들이 100세가 넘어서도 50대중반처럼 보인다는 말을 듣는 동안(童顔)으로 거듭나고 젊은 청년들처럼 마음껏 스포츠나 성생활을 즐길 수 있게 된다는 것이다.

수많은 실험과 연구를 통해 과학자들은 이제 우리 몸의 텔로미어 길이를 되돌릴 수 있음을 확인했다. 그들은 어떤 물질을 사용하면 그것이 가능한지 알아냈으며 더 효율적인 의약품을 개발하기 위해 지금도 불철주야 연구에 매달리고 있다. 인간 게놈 프로젝트에 의하면 노화와 질병의 원인 중 유전적인 것은 30%밖에 되지 않는다. 바른 생활로 무병장수를 누릴 수 있는 확률이 70%나 된다. 바른 생활을 지켜나가는 데는 건강식, 운동, 명상 등 다채로운 방법이 있다. 체세포 내에서 텔로머라제가 제대로 활동할 수 있도록 하는 의약품을 복용하는 것도 그중 하나다.

여기에서 강조하고 싶은 것은 텔로미어가 짧아지지 않는 생활습관을 갖는 것이다. 텔로미어 길이를 늘이거나 유지하기 위한, 또는 짧아지는 속도를 늦추기 위한 식사법, 운동법, 명상법, 건강보조제 등에 대해 알아볼 필요가 있다.

식습관의 기본은 낮은 열량과 높은 영양소 함량이다. 열량이 높은 음식을 배불리 먹으면 세포에 영향을 미쳐 노화의 주범인 염증과 산화를 일으킨다. 많이 먹으면 텔로미어가 짧아져 빨리 늙는다. 우리 몸의 세포들은 독소를 배출하고 신체를 건강하게 유지하기 위해 양질의 영양소가 필요하다. 그러나 너무 많은 영양소를 한꺼번에 섭취하는 것은 세포가 물고문 당하는 것이나 마찬가지다.

무엇보다 적게 먹는 습관이 필요하다. 세계에서 100세 장수 인구가 가장 많은 오키나와 사람들에게는 적당하게 먹는 철학 '하라 하치부'(腹八分)가 습관이 되어 있다. 80% 정도 배가 부르면 숟가락을 내려놓는다. 과식하지 않는 그들의 몸은 동맥이 놀라우리만큼 깨끗하며 나쁜 콜레스테롤이 아주 낮다. 적게 먹되 자주 먹는다. 풍성한 3번의 식사보다 소박한 5번의 식사(아침 점심 저녁, 두 번의 간식)가 훨씬 낫다.

미국 과학자들이 제시하는 식단을 보면 아침은 베리를 얹은 곡물 없는 시리얼, 계란, 두유, 커피나 녹차, 아침 간식은 아몬드 또는 호두, 소량의 과일, 점심은 다양한 샐러드와 구운 두부, 닭가슴살 반쪽, 또는 자연산 연어, 커피 또는 차, 오후 간식은 소량의 과일 또는 견과류, 저녁은 삶은 브로콜리 또는 푸른 채소, 참마 또는 감자, 스테이크나 돼지고기 로스트, 필요에 따라 레드와인 한잔 등이다. 제철 신토불이 유기농 과일이야말로 텔로미어에 가장 좋은 음식이다.

미국 암연구소 보고에 따르면 다양한 과일과 채소 위주의 식습관은 모든 암의 20%를 막아준다고 한다. 미국 농무부에서 세포재생을 돕는 20개 노화방지식품을 선정했다.

첫째로 뽑힌 블루베리는 혈액순환을 향상시켜 두뇌와 심장을 튼튼하게 해주며 기억상실, 콜레스테롤, 당뇨병, 뇌졸중 치료에 중요한 역할을 한다. 이밖에 자몽, 아몬드, 사과, 브로콜리, 아보카도(Avocado),

비트(beet), 고구마, 마늘, 올리브유, 오렌지, 자연산 연어, 계란, 차(茶), 토마토, 육류, 콩, 해 조류, 양배추, 케일 등이다.

　꾸준한 운동 또한 **빼놓을** 수 없다. 런던의 킹스칼리지 연구팀에 의하면 1주일에 3시간 이상 열심히 운동한 사람들은 15분 이하로 운동한 사람들에 비해 텔로미어 길이가 더 길어 신체나이가 9세나 젊은 것으로 나타났다. 운동은 예비 운동을 한 뒤 짧고 굵게, 단 시간내에 강도 높은 운동을 해야 한다. 그렇게하면 운동이 끝난 뒤 강력한 대사작용이 지속된다. 그래야 성장호르몬까지 분비되어 대량의 지방을 연소시킨다. 지나친 고강도 운동은 물론 삼가해야 한다.

　이밖에 스트레스를 줄이는 동시에 텔로미어를 길게 만드는 바람직한 방법은 명상이다. 스트레스가 쌓이면 세포가 빠르게 노화한다. 엘리자베스 블랙번 박사가 조사 연구한 바에 따르면 스트레스를 많이 받은 어머니들의 텔로미어는 그렇지 않은 어머니들보다 9~17년이나 더 늙은 것처럼 짧아져 있었다.

　각종 소음과 환경오염, 예측할 수 없는 긴박감으로 가득 찬 현대인의 삶은 우리의 세포와 텔로미어에 깊은 상처를 입힌다. 명상으로 이런 손상을 복구할 힘을 얻을 수 있다. 근육의 긴장을 풀어주고 심박수와 혈압을 낮춰줘 내면의 안정과 평화로움을 찾게 해준다. 여기에 정신적 깨달음까지 얻을 수 있다면 금상첨화다.(이 글은 샘앤파커스사에서 출간한 '노벨의학상이 찾아낸 불로장생의비밀 텔로미어'등에서 발췌해 작성했음.)

동아일보 동우회보 제47호 2016년 3월 21일

명상은 종교가 아니라 치유(治癒)다.

　명상은 종교가 아니라 과학이다. 명상한다고 해서 선승(禪僧)이나 티베트 수도승(修道僧)이 되는 것도 아니고 철학자가 되는 것도 아니다. 명상의 진짜 목적은 몸과 마음 안에 내재된 능력을 끌어내 삶에 더 충실하고, 침착해 지고, 좀 더 깨어 있는 삶을 살기 위한 것이다. 어떤 사람은 명상을 '깨쳐나가는 길'이라 하고 어떤 이는 '우리 몸 안에 있는 힘을 각성하여 삶의 온갖 문제를 평화롭게 헤쳐나가는 과정'이라고 한다.

　그러나 명상의 가장 큰 목적은 스트레스 해소다. 정신없이 밀려드는 각종 소음과 환경오염, 예측할 수 없는 긴박감으로 가득찬 현대인의 삶은 하루가 멀다하고 찾아드는 걱정, 불안, 갈등, 부담감, 절망감 등으로 과중한 스트레스에 휩싸여 있다. 스트레스는 만병의 근원이다. 스트레스가 쌓이면 세포가 빠르게 노화해 심장질환, 암등 각종 병을 앓게 되어 수명을 단축시킨다.

Maditaion(명상)과 Madication(치료)은 't'와 'c' 스펠 한자만 다르다. 명상은 곧 치유다. 명상은 근육의 긴장을 풀어주고 심박수와 혈압을 낮춰주며 깊게 숨 쉬는 복식호흡 습관을 길러주고 내면의 안정과 평화로움을 찾게 해준다. 여기에 정신적 깨달음까지 얻을 수 있다면 금상첨화겠지만 꼭 그걸 목표로 할 필요는 없다. 명상하는 동안에는 창의적인 발상을 해내거나 깊은 통찰력을 발휘할 때 나타나는 뇌파인 세타(theta)파가 두드러지게 발산된다. 즉 명상을 하면 모종의 깨달음을 얻는 순간이 온다. 깨달음은 차치하고라도 명상의 효과는 무병장수에 큰 도움이 된다는 것이 많은 연구의 결과로 나타났다.

명상이 우리 몸에 직접적으로 도움을 주는 50여 가지가 있다. 몇 가지 열거하면 지성적, 이성적인 판단을 담당하는 전전두엽 피질을 움직여주고 뇌기능을 향상시켜 기억력을 높여주며 충동적인 행동을 억제하게 해준다. 혈관을 확장시켜 혈류량을 높이고 혈압을 낮춰주며 관상동맥이 두꺼워지는 현상을 막아주고 혈액 내의 젖산 농도를 낮춰 불안감을 줄여준다. 폐활량을 늘리고 호흡을 길게 해주며 당뇨병 위험성을 줄여주고 면역체계를 강화시킨다. 나쁜 콜레스테롤 수준을 감소시키고 내분비계에 조화를 가져오며 잠드는 데 드는 시간을 줄여주고 깊은 잠을 잘 수 있게 해준다. 불안감과 우울증을 줄여주고 엔돌핀 분비를 강화해 준다.

긴장을 풀고 번거로운 모든 것을 내려놓는 데는 여러가지 방법이 있다. 그러나 몸과 마음에 생기를 되찾아 텔로미어를 지키는 유일한 길은 규칙적인 명상이다. 명상도 여러가지가 있지만 그중에서도 휴식(Relax)과 원기회복(Rejuvenate)의 앞 글자를 딴 R&R 명상법은 쉽게 할 수 있는 간단한 명상법이다. 조용하기만 하면 언제 어디서나 수행할 수 있다. 손가락으로 양쪽 콧구멍을 한 개씩 막아 번갈아 숨쉬기, 하얀 빛의 공이 척추를 타고 천천히 올라가는 광경을 생각하는 척추호흡, 몸 안 어딘가에 점 하나를 정해놓고 이 점이 휴식장소가 되게 하여 내면으로 숨쉬기 등이다. 시간은 10분도 좋고 20분도 좋다.

여기에서는 필자가 배워 실행한 명상법을 소개하고자 한다.

아침에 일어나면 소파에 단정하게 앉는다. 앞에 촛불을 켜놓기도 한다. 눈을 감고 1~7까지 세며 코로 깊게 숨을 들이쉰다. 배가 불룩할 때까지 숨을 단전, 또는 꼬리뼈 쪽으로 깊이 들이쉰다. 다시 1~7까지 세며 숨을 입으로 내쉰다. 폐 안에 공기가 남아있지 않도록 힘껏 모두 내쉰다. 아이들은 배로 숨 쉬고 어른은 가슴으로 쉬며 늙으면 목으로 쉬다가 떠나간다. 그것도 조금 들이켰다가 조금 내쉬는 호흡에 그친다. 숨을 깊게 쉬면 폐는 말할 것도 없고 오장육부 모든 장기가 쾌활한 운동을 하게 된다.

이렇게 호흡을 하면서 먼저 '평화'를 떠올린다. 인류의 평화, 내가 속해 있는 구성체의 평화, 가정의 평화, 내 내면의 평화를 생각한다. 평화로움, 얼마나 좋은 상태인가.

다음은 '은총'을 생각한다. 종교인은 하느님이나 부처를 생각하겠지만 나는 무신론자여서 나를 있게 해준 우리집안 조상과 나를 낳아 이렇게 살아가도록 해주고 키워주고 그토록 사랑해주고 초등학교에서부터 고창에서 전주로, 고등학교는 서울로 유학 보내면서 가르쳐주고 인도해 준 조부모님, 아버지, 어머니, 숙부님, 고모님 등을 떠올리며 고마워한다.

다음은 '사랑'을 생각한다. 벌써 돌아가셨지만 할아버지, 할머니, 아버지, 어머니에 대한 애틋한 마음, 그리고 사랑하는 아내, 아들 딸, 손자들, 특히 늦게 태어난 우리집안 10대 종손인 내 장손 우현이, 그리고 나를 있게 해준 수많은 선배 동료 친구들을 생각한다. 모두 나를 아껴주고 보살펴 준 분들이다.

그 다음은 '감사'다. 내 침대 옆에는 '아침의 기도문'이 놓여 있다. '아침에 일어났을 때 건강한 면이 아픈 면보다 더 많다면 당신은 이번 주를 넘겨 살지 못 할 이 세상의 1백만명보다 더 축복받은 사람이다. 당신의 냉장고에 음식이 있거나 몸에 옷이 걸쳐있고 지붕이 있는 집에 산다면 당신은 이 세상의 75%보다 더 부유한 사람이다.… 눈이 보인다. 귀가 들린다. 몸이 움직인다. 두발로 선다. 기분도 괜찮다. 참 고맙다. 인생은 정말 아름답다.'

다음은 '평온'을 떠올린다. 계속 깊은 복식호흡을 하면서 온 몸과 마음이 평온해짐을 느낀다. 고뇌와 번민과 갈등의 우리 일생에서 마음이 편안한 상태는 참으로 좋은 시간 아닌가. 다음은 '기쁨'이다. 온갖 근심과 걱정에서 완전히 벗어나 온 몸으로 희열을 느낀다. 이 때 얼굴에 마치 '해탈'한 듯한 환한 미소가 번진다. 오늘 할 일을 기쁘게 시작한다.

마지막으로 에너지다. 온몸에 힘이 넘침을 느낀다. 걱정할 것도, 두려울 것도, 잡스러운 스트레스도 모두 떨쳐버린다. 천상천하유아독존(天上天下唯我獨尊), 우주간에 나보다 더 높은 존재는 없다고 생각한다. 니체는 '차라스투라는 그렇게 말했다'에서 신은 죽었다고 선언했는데 신은 인간이 창조한 것에 불과하며 이제는 인간 스스로가 위버멘쉬(uber mench)가 되어야한다고 설파했다.

영원회귀를 받아들일 수 있는 위버멘쉬, 그런 초인과 보통사람의 거리는 인간과 원숭이 사이의 거리보다 더 멀다고 했다. 초인은 자기 속의 비인간적 요소에서 벗어나고 대중사회에 매몰되는 몰개성에서 벗어나 진정한 자유인이 되는 것이다. 나 자신이 아무것에도 얽매여 있지 않은 선택된 자유의 초인이라고 생각한다. 잡념을 떠난 선(禪)의 세계이며 속세를 떠난 선(仙)의 세계에서 노닌다고 생각한다. 그리고 나 자신으로부터도 자유스럽다고 생각한다. 넘치는 에너지 속에 손바닥과 발바닥이 따스해짐을 느낀다. 그 따스함이 손가락 끝과 발가락 끝으로 번져나감을 느낀다. 이제 눈을 뜬다.

평화, 은총, 사랑, 감사, 평온, 기쁨, 에너지 외에 다른 단어를 떠올려도 좋다. 어떻든 이 방식 외에 자연 속으로 스며드는 명상을 하기도 한다. 이 방식 역시 앞서와 같이 눈을 감고 깊은 호흡을 하면서 청산유수의 대자연으로 들어간다. 널따란 푸른 잔디밭에 들어선다. 따스한 햇빛이 온 누리에 내려 쪼이고 미풍이 살랑거린다. 잔디밭에 드러누워 네잎 클로버를 딴다. 잔디 위에서 몇 바퀴 뒹군다. 푸른 산 아래 나무에서 아름다운 새소리, 바람소리가 들리고 음악 같은 시냇물 흐르는 소리가 들린다. 베토벤의 전원교향곡을 연상해도 좋다. 하늘에는 하얀 뭉게구름이 피어있다. 나는 '구름꽃 피어오르는 언덕위의 피리 부는 소년'이다. 박목월의 '4월의 노래'를 읊조린다. '목련꽃 그늘 아래서 베르테르의 편지를 읽노라. 구름 꽃 피는 언덕에서 피리를 부노라. 아 아 멀리 떠나와 이름 없는 항구에서 배를 타노라' 이렇게 서정적이고 즐겁고 평온한 마음에서 눈을 뜬다.

아침에 명상을 하지만 밤에도 한다. 대체로 밤 12시가 넘어 잠자리에 드는데 나이가 들면서 불면증에 시달리기도 한다. 멜라토닌 한 알을 먹고 침상에 드는데 잠이 들 때까지 네 팔 다리를 활짝 펴고 '자연 속으로' 명상을 하다가 잠든다.

명상을 하면 어떤 날은 머리가 맑아지고 몸이 산뜻해짐이 느껴지고 또 어떤날은 잡념을 떨치기가 힘들 수도 있다. 어느 쪽이든 괜찮다. 어찌됐든 효과를 보고 있는 것이다. 중요한 것은 일관성 있게 매일 하는 것이다.

지금까지 서술한 것은 여러 명상법 중 어디까지나 필자가 배우고 익혀 실행하는 여러 명상법 중 한가지다. 명상은 스스로 터득해서 실행하는 것이 좋을 것 같다.

동아일보 동우회보 제48호 2016년 5월23일

피가 맑으면 모든 것이 해결된다

나이 들면 잃게 되는 다섯 가지가 있다.

건강, 돈, 일, 친구, 꿈이다. 그러면 나이 들면서 이렇게 잃어가는 것을 가만히 앉아 당하고만 있어야 할 것인가. 죽을 때는 죽더라도 건강하게 오래 살다 편안히 가야하지 않겠는가. 이 명제는 우리 인생에서 가장 중요한 과제다. 이에 대처하는 데는 사람마다 다른 것 같다. 그것은 깨달음과 실천력 차이가 아닐까.

나이가 들면서 인체에서 가장 관심 가져야 할 부분은 척추와 혈액이라고 필자는 생각한다. 맑은 피야말로 건강의 모든 것이다. 피가 맑으면 아무 병에도 걸리지 않는다. 건강진단 자체를 할 필요가 없다.

혈액은 혈구(45%)와 혈장(55%)으로 구성되어 있다. 혈구는 적혈구, 백혈구, 혈소판으로 이루어져 있고 혈장은 주로 수분으로 이루어져 있으며 여기에 생명 유지에 필수적인 혈액응고인자, 전해질 등이 포함되어 있다.

혈액은 옅은 노란 색인데 붉게 보이는 것은 혈액 속의 적혈구가 붉은색이기 때문이다. 성인의 혈액 속에 포함된 적혈구는 약 25조개, 인간의 전체 혈액량은 4~6ℓ 정도로 체중의 약 8%를 차지한다. 물을 마시거나 적은 양의 출혈이 있을 때에도 혈관속을 순환하는 혈액량은 자율적으로 조절되어 전체 혈액량은 일정하게 유지된다. 혈액의 역할은 각종 물질의 운반이며 폐에서 섭취한 산소나 소화관에서 흡수한 영양소 등을 전신으로 보내고 세포에서 만들어진 탄산가스나 노폐물을 운반해 폐·신장·피부 등을 통해 몸 밖으로 배설한다. 또 체열(體熱)의 분포를 균등하게 해주며 체내의 면역체계에도 관여한다.

혈구는 적혈구가 대부분으로 산소를 운반하고 백혈구는 외부로부터 침입한 바이러스와 싸운다. 혈장에는 나트륨, 칼륨 등 각종 미네랄 영양소와 호르몬 등이 포함 되어있다. 혈액에는 다양한 내용이 포함 되어 있어 혈액을 통해서 신체의 모든 상태를 파악할 수 있다. 혈액은 심장에서 나오는 동맥과 심장으로 들어가는 정맥, 그리고 신체의 각 부분으로 세세하게 연결된 모세 혈관을 타고 흐른다. 모든 질병은 이 혈액및 혈관과 직결되어 있다.

필자의 경우는 신문사에 들어와서 사내는 물론 타사 취재진과의 엄청난 경쟁속에 과중한 업무에 시달리면서 그런대로 술 많이 마시고 항상 피곤한 몸으로 견디어왔다. 이런 것들이 누적되어 나이가 들면서 어느 날부터 협심증 증세가 나타났다. 일하다가, 걷다가, 잠 자다가 갑자기 가슴에 통증이 일었다. 그때마다 우황청심환을 먹으면 통증이 사라졌다. 그래서 내 주변엔 우황청심환이 상비약으로 비치되어 있다. 어쩌다가 급할 때는 급히 약국에 달려가 사 먹었다. 60대 후반에 접어들면서 가까운 친구의 부인이 앓다가 별세했는데 그 친구 이야기가 부인 유품을 정리하는데 우황 청심환 빈병이 엄청나게 쌓여 있더라는 것이다. 그 친구는 지나가는 말로 했지만 내게는 큰 충격이었다.

미루고 미루다가 친구의 소개로 세브란스 심장외과를 찾았다. 심장에 관한 여러 검사를 한 결과 동맥경화에 협심증이라는 진단이 내려졌다. 담당의사는 동맥에 스탠트를 넣는 외에 다른 처방이 없다고 단언한다. 시술 날짜를 잡고 병실을 예약했다. 날짜는 50일후였다. 그 다음날 로타리클럽에 참석했다가 평소 가까이 지내는 한의사 조기룡 원장에게 이 내용을 이야기 했더니 자신의 병원에 가서 한번 보자고 한다.

검사, 진단을 하고 처방을 해주었다. 첫째 백미와 육류위주의 식사를 중단하고 한의원에서 주는 야채위주의 식단으로 바꿨다. 둘째 풍욕을 시작했다. 집에서 창문을 열어놓고 거의 맨몸으로 체조를 하는 것이다. 셋째는 커피 관장이다. 핵심은 바로 이 커피 관장이다. 한의원에서 챙겨주는 간단한 기구와 커피를 위주로 만든 청장탕을 가져와 집에서 이틀에 한번씩 관장을 했다. 심장질환의 중대성은 따로 언급할 필요가 없다. 동맥경화 진단은 내게 중대한 경종이다. 사자가 쥐 한 마리를 잡는데도 최선을 다하지 않으면 잡히지 않는다는 것과 세상 모든 것에는 대가를 지불해야 한다는 평소 신념에 조원장의 처방대로 철저히 이행했다. 어찌됐든 그후 가슴의 통증이 일어나지 않았다.

내가 커피 관장을 중단하지 않고 꾸준히 실행한 것은 조 원장의 설명에 공감했기 때문이다. 조원장에 따르면 어린아이들의 혈관이 고무줄 같다면 노년의 혈관은 플라스틱 관과 같다. 혈액도 어린아이는 맑고 청결하지만 노년은 묽고 지방성분이 많아 탁하다. 그런 혈액, 그런 혈관에 스탠트를 끼워 넣어 보아야 일시적 처방이며 그래서 한번 넣은 사람은 계속 혈관에 추가로 스탠트를 넣고 있다는 것이다.

실제로 심장외과에는 이 환자들이 줄을 서 있고 주변에도 이 시술을 한 사람이 엄청 많았다. 그런데 나중에는 스탠트로도 안되어 다른 혈관(인체의 하지에서 빼내어 쓸 수 있는 스페어 혈관이 몇 개 있음)을 적출해 혈관을 바이패스시키는 대수술을 하게 된다. 그렇다면 혈액과 혈관을 치료해야지 병든 혈관에 스탠트만 계속 끼어 넣어서야 될 일인가. 근본을 외면한 그야말로 일시적 대증요법이 아닌가. 나는 그런 시스템에 희생될 생각이 없다고 판단되어 혈액과 혈관 개선에 심혈을 쏟았다. 그래서 커피 관장을 계속했다.

관장에 사용하는 커피는 농약을 주지 않은 천연커피나 유기농이어야 한다. 로스팅한 커피와 장에 유익한 성분이 든 청장탕으로 해독작용을 한다. 관장에 커피를 사용하게 되면 커피 속의 티오 브로민, 티오필린, 카페인 성분이 대장에서 순환계로 흡수된 후 문맥을 통하여 곧바로 간으로 이동한다. 이 성분이 간의 전이 효소를 자극하여 담관을 열리게 해주며 간 속에 활성화되지 않은 담즙의 분출을 도와 우리 몸을 노화시키는 활성 산소를 제거하는 아주 강력한 해독제로 작용한다. 물론 혈액도 간을 거쳐 간다. 또 우리 몸의 모든 장기는 생명의 유지에 중대한 역할을 하지만 유독 대장만은 온갖 해독을 온몸에 퍼지게 한다. 청장성분까지 가미된 커피 관장은 이를 억제해주고 통증까지 완화해주는 효과가 있다. 그래서 진통제로 찌들어 심한 통증으로 시달리는 많은 말기 암 환자들이 이 치료로 소생한다. 저명한 막스 거슨박사의 커피관장법은 원래 암치료 요법이다.

나는 50일 동안 열심히 자가 치료한 뒤 예정기일에 맞춰 세브란스 심장외과를 찾았다. 물론 심장 통증은 거의 없었다. 담당의사에게 그동안의 과정을 이야기하고 한번 재검사해 줄 것을 요청했다. 그러자 그 의사는 상당히 노한 기색으로 "제가 검사한 내용은 정밀합니다. 학자적 양심으로 재검사는 할 수 없습니다. 혹 다른 의사를 찾아 가시려면 검사 자료를 드리지요"하며 자료를 넘겨준다. 나는 그 자료를 받고 돌아와서 계속 자가 치료를 했다.

그 후 10개월 뒤 다른 병원 심장외과를 찾아 재검사를 했다. 결과는 '노멀'이었다. 그 후 일상으로 돌아와 관장을 중단했는데 이따금씩 통증이 다시 생겨 그 뒤부터 일주일에 한두번 정도 커피관장을 계속하고 병원처방의 혈액순환개선제를 복용하는데 그 후 아무 이상이 없다. 혈액 검사를 해도 적혈구, 백혈구가 아주 적정하게 건강한 상태가 유지되고 있다. 당뇨, 고혈압, 고지혈, 암, 뇌 혈관 질환 등 성인병이 없다. 많은 사람들이 지금의 안색이 30~40년전 동아일보에 근무할 때 보다 훨씬 낫다고 말해 흐뭇하게 느껴지기도 한다.

의성(醫聖) 히포크라테스는 음식으로 못 고치는 병은 약이나 의사도 못 고친다고 했다. 피를 맑게 해주는 음식들을 살펴본다.

청국장에는 혈전을 녹이는 나토키나제라는 성분이 들어 있어 혈전을 녹여 피를 맑게 해준다. 올리브유는 불포화 지방산을 함유해 나쁜 콜레스테롤을 없애주며 비타민E와 항산화제 성분이 들어 있어 피부 미용에도 좋다.

마늘에는 알리신이란 성분이 혈소판에 작용해 혈전 예방 효과가 있으며 나쁜 콜레스테롤 수치도 감소시켜준다. 양파는 손상 된 혈액이나 혈관에 작용하여 회복을 돕는다. 견과류에는 비타민E와 베타카로틴 성분이 들어 있어 피를 맑게 해주고 혈관을 개선시켜준다. 그 어떤 채소보다 영양에 밀리지 않은 녹황색 채소는 각종 비타민이 풍부해 피가 혈전이 되는걸 방지한다. 당근, 시금치, 토마토, 피망, 호박 등이다. 소간이나 돼지 간은 동맥경화를 예방해 준다. 간에 많이 함유된 비타민B2가 각종 혈관 질병을 초래하는 과산화지질을 분해한다.

동아일보 동우회보 제49호 2016년 7월 20일

변비는 암 유발·노화촉진 등 만병의 근원

흔히 건강의 3대요소를 잘 먹고(快食), 잘 누고(快便), 잘 자는(快眠)것이라고 한다. 지금까지 쾌식에 대해 많이 언급해 이번엔 쾌변에 대해 알아본다.

대장의 주된 기능은 물과 전해질(電解質)흡수, 그리고 대변 저장이다. 영양분 흡수는 없다. 입으로 들어간 음식이 대장에 도달하는 데는 12~15시간 걸린다. 실제 배변은 24~72시간 후에 일어난다.

사람은 누구나 음식을 먹을 때 적은 양의 공기를 함께 마신다. 대부분은 트림 형태로 나오지만 일부는 장으로 내려간다. 이 장 속 세균에 의해 대장의 내용물이 발효, 부패되고 가스가 만들어진다.

소장의 흡수기능이 떨어져 영양소가 다량 대장으로 흘러 들어가면 가스가 많아져 복통의 원인이 되며 방귀의 재료가 된다. 방귀를 참는 것은 몸에 해로운 독소를 끌어안고 있는 셈이다.

모임장소나 엘리베이터 안에서 방귀를 뀌어도 질식사 할 사람은 없으므로 우선 뀌고 볼일이다. 맥아더도 "70이 넘으면 어디서나 방귀를 뀔 권리가 있다"고 말했다. 방귀 뀌기를 주저하는 사람은 다음의 사실을 마음속에 새겨 두어야 한다.

장 속의 가스는 방귀로 배출되지만 나머지는 장 점막의 모세혈관을 통해 혈액 속으로 녹아들어가 폐를 통해 나간다. 입으로 나오는 숨의 일부도 원래는 방귀와 같은 것인데 단지 항문으로 나온다는 것뿐이다. 장속에서 이상발효가 일어나면 가스가 차서 속이 더부룩하고 걸핏하면 설사를 하며 더러는 변비와 설사를 번갈아 한다. 장 속의 유익균인 비피더스균 보다 유해균인 웰슈균이 월등히 많기 때문이다.

이중에서도 질병 아닌 질병인 변비의 해독이 가장 무섭다. 변비가 중증일 경우 변이 딱딱해져 대장의 벽에 상처를 낸다. 변비가 계속되면 이 상처가 아물지 않고 만성염증이 되고 나아가 대장암이 될 수 있다. 만성 변비는 장관(腸管)속에 유독물질이 발생케 하는데 암모니아, 페놀, 니토르소아민 등 발암성이 강한 물질이다. 이것이 장 관 벽으로 흡수돼 발암물질이 된다.

변비는 또 골반 안에 울혈(鬱血)을 일으킨다. 울혈은 순환이 잘 안돼 피가 맺히게 되는데 피 흐름이 나쁘면 산소나 영향분이 가야할 곳에 가지 못해 질병으로 이어진다.

변비는 다른 장기에도 영향을 미쳐 방광, 전립선, 자궁 등 골반안의 징기를 압박해 충혈과 염증을 일으킨디. 특히 여성의 경우 비만과 변비가 겹쳐지면 대장암, 난소암, 유방암의 원인이 되기도 한다. 젊은 여성도 만성비만에 시달리게 되면 복부팽만감은 물론 살갗이 지저분해져 화장이 잘 받지 않는다. 유독가스가 피를 타고 전신을 돌게 되면 늘 머리가 맑지 못하고 만성두통에 시달리게 된다.

동의보감에도 '장청뇌청(腸淸腦淸)', 장이 깨끗하면 머리가 맑다고 기록되어 있다. 변비 증세는 여성쪽이 남성보다 월등히 많다. 한 조사에 의하면 여성의 70%가 변비를 경험했거나 만성변비에 시달리고 있는 것으로 나타났다.

장의 움직임은 마음의 움직임과 직결되어 있다. 중요한 일을 앞두고 긴장하고 있으면 변기가 느껴진다던가 여행을 떠나면 꼭 변비 증상이 나타난다거나 부모에게 야단맞은 아이가 설사를 한다거나 남의 집 화장실에서는 변이 잘 나오지 않는 것은 모두 심리적인 현상 때문이다.

흔히 나이가 들면 감기를 조심하라고 한다. 노인들이 감기를 앓다가 끝내 일어나지 못하는 경우가 있기 때문이다. 그러나 알고 보면 감기보다 더 무서운 만병의 근원이 변비다.

변이 매일 일정한 시간에 배설되지 않고 장속에 머물러 있으면 거기서 발생한 부패독소가 혈액으로 흘러들어가 간 기능을 떨어뜨려 성인병이 발병하고 부스럼, 뾰루지, 여드름 등이 돋기도 한다. 어깨가 뻐근해지고 두통, 불면증의 원인이 되기도 한다.

우리 식생활이 서구화되면서 육류위주의 고지방, 고단백 식사가 늘어나면서 장속을 더럽혀 대장 암, 유방암 등이 크게 늘고 있다.

사람의 장 속에는 약 1백가지, 1백조개나 되는 세균이 살고 있다. 소장은 거의 무균상태지만 대장에는 대장균, 포도상규균, 웰슈균, 비피더스균, 유산 균 등 많은 세균이 살고 있다. 장 속의 환경을 좋게하여 건강하게 지내려면 유효균인 비피더스균이 불어나게 해야 한다.

노화방지와 피부미용에도 좋은 비피더스균은 유산균 음료나 요구르트 등에 많이 들어있다. 요구르트에는 비피더스균과 그 먹이인 올리고당이 들어있다. 그러나 시중에서 파는 요구르트는 그냥 설탕물일 뿐이라는 지적도 있다.

몸속의 온도는 한여름 쨍쨍한 햇빛 아래보다 더운 37도다. 게다가 장속은 유해세균의 소굴이다. 변이 장시간 장 속에 머물 경우 부패되어 여러가지 독소를 발생시킨다. 이 독소는 곧장 노화로 이어진다. 그렇다면 장의 길이가 긴 한국인이 유해 물질을 빨리 몸 밖으로 밀어내려면 어떻게 해야 할 것 인가. 한마디로 섬유질이 많이 함유된 식품을 먹어야 한다. 섬유질이 많은 잡곡을 먹는 아프리카 원주민의 변은 하루정도 장속에 머무르지만 섬유질을 적게 먹는 유럽인들의 변은 이틀 이상 머문다.

고기, 백설탕, 과자 등 기름기가 많거나 단 것, 또는 알코올, 자극성이 있는 음식을 많이 먹으면 쾌변이 있을 수 없다. 섬유질이 많은 식품

들, 도정하지 않은 잡곡밥, 현미, 고구마, 감자, 청국장, 콩, 강낭콩, 팥, 말린 톳, 미역, 죽순, 우엉, 호박, 토마토, 버섯, 시금치 등을 꼭꼭 씹어 먹으면 쾌변이 된다. 섬유질이 직접 암 세포를 죽이지는 못 하지만 암 발생을 예방하는 작용을 한다. 성인병 예방, 노화방지에도 좋다.

인간은 나날이 늙어가 마침내 죽을 수밖에 없지만 개인에 따라 큰 차이가 난다. 노화를 완전 방지하는 것은 불가능하지만 적당한 자극을 주고 운동을 하면서 영양 등에 신경을 쓰면 육체나 정신적으로 노쇠해지지 않는다. 그러기 위해서도 장내의 환경을 좋게 하여 노폐물이 장내에 쌓여있거나 유해균이 우세해지는 일이 없도록 신경을 쓸 필요가 있다. 장속이 깨끗하면 속병이 없어 머리가 맑아지고 훨씬 젊어보인다. 특히 노년의 변비는 큰 적이다. 지금까지 강조해 온 바와 같이 일상적으로 섬유질, 유산균음료, 가능하면 비타민 A, C, E 등을 섭취하도록 해야 한다. 물론 술은 조금 마시고 담배는 피우지 않아야 한다.

세포가 세균을 먹어치우는 사실을 발견해서 백혈구가 몸에 침입한 병원균을 잡아먹음으로써 인체를 방어한다는 '식세포작용설'을 주장한 이는 1908년 노벨상을 수상한 러시아 생물학자 메치니코프다.

불가리아 남부지방은 장수자가 많은 곳으로 유명한데 이 지역에서 옛날부터 애용되어온 먹거리가 요구르트(발효유)였다. 숙취 후 해장용으로도 마셨다. 메치니코프 박사는 사람의 노화는 장속의 부패균이 만들어내는 독소에 의해 일어나는 것으로 보고 불가리아지역 요구르트 속에 들어있는 유산균이야말로 인간의 노화를 막는 최고의 약품이라는 '요구르트 장수설'을 내세웠다. 유산균 발효와 함께 일어나는 효모가 최고의 건강식품이라는 것이다.

필자의 경우 오랫동안 변비에 시달려왔다. 상당히 노력했지만 고쳐지지 않았다. 변비약을 먹거나 맥주를 한잔 이상 마시면 즉시는 해결되지만 고질병을 약품이나 음주로 고쳐서는 안 된다는 생각이다. 양약이나 한약 모두 간이나 신장에는 좋지 않다.

간, 신장이 손상되면 그 인체는 사실상 끝장이다. 그래서 필자는 가능하면 약은 복용하지 않는 것을 원칙으로 삼고 있다. 효모와 섬유질 식품 식단으로 해결하려고 노력했지만 맛있는 음식을 찾다보니 그리 쉽지가 않았다. 최근엔 물을 많이 마시고 효모와 함께 전혀 케미컬이 아닌 건강보조식품 디프로바이오틱과 비피더스유산균(가루제품)을 먹으면서 상당히 효과를 보고 있어 이 주제에 관해 펜을 들었다.

동아일보 동우회보 제50호 2016년 9월 21일

잘못된 수면습관, 수명을 단축한다

건강의 3대요소인 쾌식, 쾌변에 이어 쾌면(快眠)에 대해 알아본다. 정신없이 바쁘게 돌아가는 현대에서는 밤샘, 수면 부족 등으로 올바른 수면을 하지 못하 는 것을 당연시 하고 시간 날 때 실컷 자면 된다고 생각하는 사람도 있다. 하지만 잠을 제대로 못자는 것은 다양한 병에 걸리는 원인이 된다.

피부 트러블, 설사 등 간과하기 쉬운 증상부터 비만, 고혈압, 당뇨, 뇌혈관질환, 심장병, 암, 정신적 질환인 우울증에 이르기까지 모든 병이 쾌적하지 못한 수면 때문에 발생하거나 악화될 위험이 있다. 바꿔 말하면 모든 병을 예방하는 최고의 건강법은 바로 쾌적한 수면을 취하는 것이다.

잘 자려면 어떻게 해야 할까. 텔레비전, 인터넷 등의 오락, 휴대전화 등으로 현대사회는 자신도 모르게 수면부족이 되기 쉽다. 자신이 조금밖에 자지 않는 것을 자랑스럽게 말하는 사람도 있다. 반면 많이 잘수록 건강해진다고 생각하는 사람도 많다. 하지만 그렇지도 않다.

수면부족만이 아니라 수면과다도 몸에 좋지 않다. 수면시간과 사망률의 관계를 조사한 자료를 보면 7시간 자는 사람이 가장 오래 살고, 7시간보다 적게 또는 많이 자는 사람은 사망률이 최대 40% 높게 나타났다. 몇 시에 자는지도 중요하다. 같은 7시간을 자더라도 밤10시부터 7시간 자는 것과 새벽 2시부터 7시 간 자는 것은 효과가 다르다. 아무리 바빠도 밤 12시 전에 잠자리에 들면 피로를 회복시키는 힘이 최대한 발휘된다.

에디슨이 백열전구를 발명한 후 우리의 생활은 활동시간을 늘려주는 대신 수면시간은 빼앗아 갔다. 피로를 풀고 몸을 회복시키는 성장 호르몬은 밤에 자는 동안에만 분비되며 노화방지와 종양 억제, 독을 분해하는 멜라토닌 (Melatonin)도 밤에만 분비된다.

따라서 수면시간이 줄어들면 이 호르몬들이 분비되는 것을 방해하여 병에 걸리기 쉽다. 야간근무는 암 발병률을 높인다. 주 3일 이상 야간근무를 하는 여성은 유방암에 걸릴 위험이 주간근무를 하는 여성에 비해 2배나 높다. 남성도 야간교대를 하는 직장에서 일하면 주간근무만 하는 남성에 비해 전립선암에 걸릴 위험성이 3.5배나 높다.

쾌적한 수면을 하지 못하면 암에 걸릴 위험이 높아지는 이유는 또 있다. 밤늦게까지 자지 않고 형광등 같은 불빛을 계속 쬐게 되면 멜라토닌 분비가 멈춰버린다. 멜라토닌은 노화의 원인인 활성산소를 중화하는 작용과 해독작용, 암세포에 대항하는 항종양작용 등 우리 몸을 건강하게 만드는 역할을 한다. 따라서 멜라토닌이 감소하면 암에 걸리기 쉬운 체질이 되어 버린다.

어떻게 하면 수면의 악순환에서 벗어나 선순환으로 바꿀 수 있을까?

첫째, 가능하면 밤 12시 전에 잠드는 것이 좋다. 우리 몸은 밤 10시 경부터 해독작용과 피로를 풀고 기능을 재생시키는 작용이 시작된다. 이 시간대에 수면시간을 맞추어 몸이 본래 가지고 있는 건강을 위한 작용에 협조해 준다.

둘째는 아침에 일어나 햇빛을 쬔다. 이를 크게 의식하고 있지 않는 사람이 많아 특별히 강조하고 싶은 점이다. 쾌적한 수면으로 이끌어주는 멜라토닌은 낮에 햇빛을 쬐면 분비되는 세로토닌이 밤이 되면 변하는 호르몬이다. 따라서 아침에 일어나면 방안에 햇빛이 들어오도록 커텐이나 창문을 활짝 여는 것이 좋다.

셋째는 일어나는 시간을 일정하게 하고 리듬이 깨지지 않도록 한다. 적절한 수면의 양은 사람마다 다르다. 노벨상을 수상한 아인슈타인과 코시바 마사토시 교수는 하루 10시간 이상 자는 장시간 수면자다. 4시간 이하 자는 것으로 유명한 나폴레옹과 에디슨은 단 시간 수면자다. 하지만 단시간 수면체질이 아니라면 무리해서 수면시간을 줄이는 것은 좋지 않다. 사람은 적어도 6시간은 자야 컨디션을 유지할 수 있다.

숙면을 위한 아침 메뉴로는 양식이라면 햄과 달걀프라이, 일식이라면 낫도나 건과류, 건어물과 같은 생선이 좋다. 쾌적한 수면을 위해 필요한 이들 영양소중 첫째는 '트립토판'(Tryptophan)이란 물질이다. 트립토판은 사람 몸속에선 만들수 없으며 반드시 음식을 통해서만 섭취된다. 트립토판은 햇빛을 받으면 낮에 활발하게 활동하기 위한 호르몬인 세로토닌으로 바뀐다. 세로토닌은 밤이 되면 멜라토닌으로 바뀐다. 잠을 이루지 못할 때 '잠이 오지 않는' 것을 너무 의식하면 오히려 더 신경이 예민해져서 잠들기 어렵다. 그럴 때는 신경을 안정시키는 스트레칭을 해보는 것도 좋은 방법이다. 근육과 힘줄을 확실하게 늘려주면 몸의 긴장이 완화되고 정신적으로도 안정돼 잠들기가 쉬워진다.

커피와 담배는 수면의 악순환을 가져온다. 긴장을 풀기위해 커피와 담배에 의존하는 사람들도 많다. 하지만 이 두 가지는 잠들기 어렵게 하는 것은 물론 수면의 질에도 나쁜 영향을 준다. 커피에 함유된 카페인에는 뇌의 혈류와 대사 등을 활성화시키는 작용이 있어 잠을 깨게 한다. 담배에 함유된 니코틴에도 각성작용이 있어서 수면이 얕아진다.

수면제는 결코 나쁜 것만은 아니다. 불면증이나 다른병 때문에 규칙적인 수면을 이룰 수 없을 때 수면제의 도움을 받을 필요도 있다. 수면제라고 하면 예전엔 자살에 사용되기도 해서 '아주 위험한 약'이라는 이미지가 남아 있다. 의사들조차 "몸에는 안 좋지만 꼭 필요하면 먹는 것이 좋다"면서 애매하게 표현한다.

종전의 수면제는 주로 뇌 전체의 작용을 억제해서 잠들게 하므로 다량 복용하면 뇌 속의 호흡을 담당하는 부분까지 억제되어 죽음에 이르는 일도 분명히 있었다. 하지만 요즘 처방되는 수면제는 대부분 안전하다. 수면 중추를 자극해서 잠들게 하는게 아니라 각성중추의 작용을 억제해 졸음을 유발시켜 잠들게 하기 때문이다.

잠이 안오면 술을 마시는 사람들이 많은데 좋지 않은 습관이다. 제 시간에 자는 습관을 들이기 위해서라면 술보다는 수면제가 낫다. 요즘 수면제는 내성이 생기지 않도록 개선되었다. 다시 말하지만 잠을 잘 못자는 것보다는 수면제를 먹고 제시간에 자는 것이 훨씬 좋다. 제 시간에 자는 습관이 들때까지 매일 먹어도 된다. 그렇게 해서 제대로 잘 수 있게 되면 양을 반으로 줄이고, 그 다음에 다시 반으로 줄여가는 것이 좋은 수면습관을 들이는 방법이다. 수면제가 안전하다 해도 절대로 술과 함께 먹어서는 안 된다.

퇴근 후 헬스클럽 운동도 불면증의 한 원인이 될 수 있다. 밤 9시 이후에 근육 트레이닝 등 격렬한 운동을 하면 체온이 올라가 잠이 깨고 교감신경이 우세해져서 흥분으로 오히려 잠이 오지 않는다. 운동은 저녁 7시경까지 하는 것이 좋다.

불면증에 좋은 음식은 어떤 것이 있을까.

첫째, 아마씨는 풍부한 오메가3의 지방산으로 신경을 안정시켜 수면에 상당한 효과가 있다. 견과류처럼 먹어도 좋고 믹서기로 가루로 만들어 유제품과 섞어 먹어도 좋다. 아마씨는 무릎관절에도 좋다.

둘째, 양파는 잠 잘 오게 하는 식품으로 유명하다. 양파즙이나 음식에 곁들여 먹으면 효과적이다. 양파의 매운 맛을 내는 알린은 혈액순환을 좋게 하고 신경을 안정시킨다. 양파를 토막내어 머리맡에 두어도 양파 특유의 향이 잠을 이루는데 도움을 주기도 한다.

셋째, 아몬드도 불면증을 개선해준다. 아몬드에 함유된 풍부한 트립토판과 마그네슘 때문이다. 바나나도 탄수화물, 트립토판, 비타민 B6, 무기질 등 심신을 안정시키는 영양소를 두루 함유하고 있어 천연 신경안정제라고도 불린다. 감자, 키위도 좋다. 불면증에 좋은 차는 스트레스와 피로를 풀어 주어 숙면을 도와준다. 국화차, 라벤더차, 감잎차, 황기마늘차, 송화차, 대추차, 솔잎차, 꿀차, 카모마일차 등이 있다.

필자의 경우 매일 밤 12시나 1시에 잠자리에 든다. 6~7시간 정도 잔다. 매일 저녁 잠들기 전에 건강보조식품 멜라토닌 한알씩 먹는다. 출장이나 여행 갈 때도 꼭 지참한다. 멜라토닌은 비습관성에 항노화, 항암작용도 하며 잠의 질을 좋게 해 준다. 근심 걱정 때문에 잠 못이룰 때나 아침 일찍 일어나 가야 할 중요한 일정이 있을 때는 잠들기 직전에 수면제 반 알을 복용하고 알람을 켜 놓는다.

동아일보 동우회보 제51호 2016년 11월 22일

귀중한 수명(壽命) 10년 늘리려면…

지난번에 필자가 동아일보 동우회원 40여명을 고창으로 초대, 고인돌, 모양성, 선운사, 도솔암 등을 둘러본 적이 있다. 그때 회원들에게 건강증진 강의를 하면서 '돈 안들이고 건강하게 살 수 있는 20가지 지혜' 자료를 돌렸는데 나름대로 반응이 좋았다. 그런데 최근 이같은 지혜로 수명을 10년 늘리는 방법 20가지가 SNS에 게재돼 눈길을 끌었다. 프랑스 심장전문의 프레데리크 살드만이 제안한 내용이다. 신체 상체인 머리에서부터 발바닥까지 이어지는 간단한 터치로 수명 10년을 늘리는 건강한 100세 지혜를 살펴본다.

　1. 머리를 두들겨라 - 손가락 끝으로 약간 아플 정도로 머리 이곳저곳을 두드린다. 두피가 자극되어 머리가 맑아지고 기억력이 좋아지며 빠지던 머리카락도 다시 난다. 머리카락에 산소와 영양분이 원활히 공급되어 윤기가 흐른다. 치매예방에도 좋다.

　2. 눈알을 사방으로 자주 움직여라 - 눈알을 좌우, 상하, 시계방향,

시계 반대방향으로 20여번씩 움직이고 손을 비벼서 눈동자를 지그시 눌렀다가 번쩍 뜨기를 20여번 하면 시력이 좋아진다. 요즘 스마트폰 때문에 눈을 혹사해 눈이 굉장히 피곤한 사람들이 많은데 눈을 들어 멀리 푸른 하늘, 푸른 숲을 바라보거나 눈을 감고 휴식 하는 시간이 필요하다.

3. 콧구멍을 벌려 심호흡하라 - 맑은 공기를 심호흡하는 습관을 가져야 한다. 정신질환자 대부분이 가슴 호흡만 하고 복식 호흡을 하지 않기 때문이다. 심호흡을 하면 각종 유해물질이 배출되어 머리가 맑아지고 기억력이 좋아져 노인들은 치매를 예방할 수 있다.

4. 혀를 자주 입안에서 굴려라 - 혀로 입천장을 핥고 혀를 아래로 구부리며 밖으로 뺐다 넣었다 한다. 또 뱅뱅 돌리는 등 혀 운동을 하면 혀의 백태, 청태, 흑태 등이 예방된다. 혀 운동은 바로 뇌 운동이다.

5. '회춘 비타민' 침을 삼켜라 - 침은 옥수(玉水)라 한다. 침은 삼키고 가래는 뱉어낸다. 식사 때도 음식을 꼭꼭 씹어 먹으면 충분한 침이 위에 들어가 소화가 잘 된다. 밥을 천천히 먹기위해 식사도중 수저를 식탁에 내려 놓았다가 다시 들어 먹기도 한다.

6. 잇몸을 마사지하라 - 손가락으로 잇몸을 누르고 비비면서 마사지 해준다. 그러면 잇몸이 튼튼해져 치주염 등 각종 잇몸병이 예방된다.

7. 치근을 단단히 하는 고치(叩齒)를 하라 - 치아를 딱딱딱 위아

래로 부딪쳐 조금씩 두드려주는 것이 치아를 건강하게 만드는 첩경이다. 이 고치법을 아침 일어나자마자, 또는 잠자리에 들어 100회 정도 한다. 고치는 예로부터 만병통치 처방이다.

8. 시간나면 즐거운 노래를 부르라 - 우울하고 슬픈 일을 당했을 때 흥겨운 노래를 소리 내어 부르거나 또는 마음속으로 부르면 기쁜 마음이 회복되고 사랑과 행복을 깨달아 삶에 활기가 넘친다.

9. 귀를 당기고 비비고 때려라 - 귀를 상하좌우로 잡아당기고 비틀고 비비고 때리면 건강에 아주 좋다. 식욕이 억제되어 비만이 예방되고 깊은 수면을 취하는데 도움이 된다. 귀 자극은 신장, 비뇨, 생식기 계통의 기능이 활성화 되도록 돕는다.

10. 얼굴을 자주 두드려라 - 손바닥으로 약간 아플 정도로 얼굴을 자주 두드리고 눌러주면 혈관계통이 활성화되어 혈압, 동맥경화 등의 치료를 돕게 되며 안면 혈색이 좋아진다. 허리가 자주 아픈 분들은 코 바로 밑에 인중의 홈이 파진 곳을 손가락으로 지그시 누르고 자주 문질러주면 통증 완화에 효과가 있다.

11. 목운동을 하라 - 가장 중요한 머리를 지탱하는 것은 오로지 목이다. 뇌에서부터 몸 전체로 이어지는 신경 다발을 감싸고 있다. 목에서 신경이 잘못 눌리게 되면 몸 곳곳에서 이상 증세가 나타난다. 목 운동은 필수적인 것으로 매일 좌우로 30여번, 목돌리기 30여번씩 하면 뻐근하던 목도 풀린다.

12. 어깨와 등을 마사지하라 - 어깨가 약하면 아무것도 들 수 없고 등이 약하면 아무것도 당기거나 버틸 수가 없다. 운동도 할 수 없다. 머리 뒤쪽과 어깨를 지그시 누르거나 엄지와 다른 손가락으로 움켜쥐고 있으면 지압으로 피로가 풀리고 중풍도 예방 된다. 어깨와 등 마사지는 스스로 하기 어려우므로 가족이나 친구끼리 서로 해주는 것도 좋다.

13. 배와 팔다리를 두들겨라 - 배와 팔다리를 약간 아플 정도로 두들기면 소화가 잘 되며 피곤이 풀린다. 양쪽 무릎을 두 손으로 자주 두들기면 관절에 아주 좋다. 특히 배는 아침 저녁으로 시계방향으로 100회 정도 밀착해 문질러주면 대장이 튼튼해진다.

14. 박수를 쳐라 - 박수는 남을 위해서가 아니라 자신을 위해 자주 쳐야 한다. 손뼉을 힘있게 치면 한 번 칠 때 마다 약 4천개의 건강한 세포들이 생겨난다. 소리가 나지 않게 하려면 한쪽 손은 주먹을 쥐고 손바닥을 교대로 치면 된다.

15. 허리운동을 하라 - 척추는 인체의 중심축이다. 뇌로부터의 신경이 목을 거쳐 이곳에서 온몸으로 전달된다. 척추에 손상이 생기면 허리통증을 비롯, 다양한 신경질환이 발생한다. 허리 운동은 매일 허리 굽히기, 허리 펴기를 20회 정도 해준다. 흑인들은 척추관련 허리병이 없다고 한다. 왜냐하면 잠 자거나 일에 몰두하는 시간을 빼고는 리듬에 맞춰 허리를 구부렸다 펴는 허리운동을 계속 하기 때문이다.

넬슨 만델라 대통령도 항상 그랬다.

16. 괄약근 운동을 하라 - 항문을 오므리듯 당겼다가 풀어주는 것을 반복하는 훈련을 꾸준히 하면 체력이 좋아지고 성적 능력도 강화되며 치질예방도 된다. 노인들 중엔 체온기를 항문에 넣으면 헐렁해서 잘 빠지지만 어린애는 잘 들어가지도 않는다. 사람은 어떤 면에서는 항문의 힘으로 사는 것이다. 성기도 마찬가지다.

17. 하체운동을 하라 - 뿌리 깊은 나무가 강한 바람에도 흔들리지 않듯 우리 몸의 체중을 지탱하고 있는 하체가 강해야 힘을 쓸 수 있다. 산다는 것은 곧 걷는 것. 걷지 못하면 첫째 대소변도 못가려 죽은 것이나 다름없다. 목숨이 붙어있어도 연명하는 수준이다. 건강한 체질이면 험산 등산이나 조깅도 좋지만 나이들면 설악, 관악, 치악산 등 소위 '악'자 든 산은 피해야 한다. 걷는 것이 곧 호흡하는 것이라는 생각으로 매일 걷고 걷자.

18. 복숭아 뼈를 서로 부딪쳐라 - 복숭아 뼈를 서로 부딪치는 운동을 계속하면 만병이 낫는다고 한다. 아침에 일어나자마자, 또는 저녁에 잠들기 전에 두발 복숭아 뼈를 서로 부딪치는 운동을 하는 사람이 많은데 하루 1천 번 이상 한다는 사람도 있다.

19. 발바닥을 자극하라 - 발바닥은 오장육부와 연결되어 있다. 발바닥을 주먹으로 치고 발가락을 전후좌우로 돌리며 비틀고 발가락 사이를 약간 아플 정도로 눌러 마사지해주고 발목을 돌리는 운동을 하

면 심신의 피로가 풀리고 활력이 생긴다. 또 발바닥을 엄지손가락으로 이곳저곳을 지그시 눌러 지압하면 숙면에 도움이 된다.

20. 뒷짐을 져라 - 뒷짐은 뭔가 태만하고 방관하는 것 같다. 그러나 나이가 들면서 이제 뒷짐져야 할 때가 됐다. 많은 질병이 등뼈에서 문제가 생기는데 뒷짐은 가슴을 열어주고 목과 허리를 곧게 해 주어 척추로 오는 각종 질병을 막아준다. 자세를 굽힐 때 뇌는 몸의 불안을 느껴 앞쪽에 지방을 실어주는데 뒷짐 자세는 그 반대가 되어 복부에 지방을 실어주지 않는다. 그래서 다이어트보다 더 확실하게 복부비만을 제거해준다. 뒷짐을 습관화하면 가슴이 활짝 펴져 오장육부가 편안해지고 일상생활도 곧게 할 수 있다.

필자는 걷기나 등산도 하고 주기적으로 헬스트레이닝도 하지만 걷고 있을 때나 집에서 TV 시청할 때, 여행을 떠나 차를 타고 있을 때, 운전을 할 때, 누구를 기다릴 때, 잠자리에 들었을 때 등 생각이 나면 먼저 가슴을 펴고 심호흡을 한 후 생각나는 대로 위 요법을 시행한다.

지금까지 제시한 것은 아무런 기구도 없이 손발과 신체 각 부위로 하는 건강운동이다. 그런데 두어가지 기구를 소개한다면 첫째 모관운동기를 권장하고 싶다. 모관기는 전기코드를 꽂으면 달려있는 줄이 강력하게 흔들리는 건강기구로 목과 허리, 손과 발에 걸어 진동을 하게 하는 기구다. 나이가 들면 심장의 펌프가 약하고 혈액도 최상 상태가 아니어서 혈액을 모세혈관까지 보내기가 힘들어 손발이 절이는 등 부작용이 생기게 마련이다.

이 모관기로 손끝과 발끝까지 혈액흐름이 잘 되도록 도와 잠자리의 장단지 경련을 해소하는데도 도움이 된다. 그 다음은 발바닥 진동기다. 간편한 기구로 전기코드를 꼽고 발바닥과 발가락을 눌러 진동하게 한다. 발바닥은 인체 전신과 연결되어 있다. 이 기구는 혈행을 돕고 느낌도 시원하다.

동아일보 동우회보 제52호 2017년 1월 23일

빨리 죽게 하는 위험인자를 경계하자

평소 건강하던 사람이 걷거나 운동하다가, 또는 잠자다가 급사했다는 이야기를 듣는다. 돌연사인데 10명중 7~8명은 동맥경화로 관상동맥이 좁아지면 필요할 때 충분한 혈액을 공급받지 못해 심근경색증으로 급사할 수 있다. 나이가 들수록 혈관과 혈액이 나빠져 더욱 위험하다.

최근 미국의학협회지(JAMA)에 발표된 심혈관 관련 연구는 65세 이상 남성 5,201명과 여성 685명을 무작위로 뽑아 5년 동안 건강상태 등을 추적조사한 내용이다. 대상자들의 생활습관을 비롯해 혈액검사, 심장 초음파 검사, 폐기능 검사, 인지기능 검사 등 사망과 관련있는 모든 위험인자를 살펴보았다. 수명에 대한 연구 중 가장 과학적인 연구다. 이 연구 기간 동안 636명이 사망했는데 이들을 분석한 결과 기초적으로 연령이 많을수록 남성이 여성보다 사망률이 높았고 교육수준에서 고등학교를 졸업하지 못한 사람, 수입 면에서는 수입이 낮은 사람, 배우자 관계에서는 배우자를 잃은 사람에서 사망률이 높았다.

남녀 모두 신장은 사망과 무관했지만 체중이 적을수록 사망률이 높았다. 야윈 노인이 빨리 죽고 살 찐 노인이 오래 살았다. 예를 들면 체중이 가장 가벼운 남성(63kg 이하)과 여성(51.8Kg 이하)에 비해 체중이 가장 무거운 남성(85.5Kg 이상)과 여성(75.6Kg 이상)에서 사망률이 44% 감소했다. 따라서 65세 이상 고령자는 편식하지 말고 충분한 영양소를 섭취하면서 체중이 감소하지 않도록 관리해야 한다. 운동을 많이 할수록 사망률이 감소했는데 노인은 하루에 30분 정도만 걸어도 사망률이 줄었다. 담배를 많이 피운 사람들의 사망률이 높았고 술을 안 마시는 사람에 비해 약간 마시는 사람들의 사망률이 감소했다.

혈압이 높을수록 사망률이 높았다. 최고 혈압이 128mm Hg 이하인 사람에 비해 최고 혈압이 169mm Hg 이상인 사람에서 사망률이 1.56배 증가했다. 공복혈당이 높을수록 사망률이 증가했다. 공복시 혈당이 94mg 이하인 군(群)에 비해 공복시 혈당이 108mg에서 130mg인 군에서 사망률이 26% 증가했으며 혈당이 130mg 이상인 당뇨병이 있는 사람에서 사망률이 86% 증가했다.

혈청 알부민이 낮을수록 사망률이 높았다. 알부민은 영양섭취가 부족한 사람과 간경변증이 있는 사람에서 감소한다. 알부민 주사는 효과가 없었다. 혈청 크리아티닌이 높을수록 사망률이 증가했다. 크레아티닌은 신장의 기능을 측정하는 수치다. 크레아티닌 1.4 이상은 신장 기능이 떨어졌다는 것을 의미하며 4.0 이상은 위험한 수치다. 신장이 나빠지는 원인은 당뇨병, 고혈압등이다. 또 혈청 피브리노겐이 많을수록 사망률이 증가했다. 피브리노겐은 혈액 응고에 관여하는 단백질인데 이것이 많은 사람에서 심근경색과 뇌경색 같은 혈관 질환이 증가했다.

심부전증이 있는 사람은 없는 사람보다 사망률이 5.5배 높았다. 관상동맥 질환(심근경색증, 협심증)이 있는 사람은 없는 사람보다 사망률이 2.16배 높았다. 심장 초음파에 좌심실 수축 기능(박출 계수)이 떨어진 사람이 그렇지 않은 사람에 비해 사망률이 4.8배 증가했다. 대동맥 협착증이 심할수록 사망률이 증가했다. 협착증이 심한 사람이 정상인 사람에 비해 사망률이 10.1배 높았다. 대동맥 판막협착증이 심하면 심장 판막 수술을 받아야 한다.

경동맥이 동맥경화증으로 심하게 좁아진 사람(75~99%)이 경동맥이 정상인 사람에 비해 사망률이 4.9배 증가했다. 경동맥 협착증은 동맥경화가 심하다는 것을 의미한다. 경동맥경화증은 스탠트나 수술로 치료가 가능하다.

폐활량이 제일 작은 군 25%에서 폐활량이 제일 큰 군 25%에 비해 사망률이 43% 증가했다. 폐활량은 폐와 심장이 약한 사람, 심장이 나

뻔 사람에서 감소한다.

이밖에 인지 기능이 떨어지고 가전제품을 잘 사용하지 못하는 노인의 사망률이 높았다. 이것은 뇌경색 등으로 뇌기능이 떨어졌다는 것을 의미한다. 심장병 권위자인 이종구박사가 제시한 무병장수 처방은 다음과 같다.

첫째가 금연이다. 흡연은 폐암뿐만 아니라 구강암, 식도암, 위암, 방광암의 원인이 되며 심장병, 뇌졸중, 동맥경화증의 가장 중요한 원인이기도 하다. 건강하게 장수하기 위해서 반드시 담배를 끊어야 한다.

둘째는 건강한 식생활. 심혈관질환, 각종 암, 당뇨병 같은 성인병을 예방하기 위해 폭식, 과식을 피하고 야채와 과일을 많이 먹고 붉은 고기 대신 생선을 자주 먹어야 한다. 야채는 김치와 나물 외에도 신선한 오이, 당근, 양파, 브로콜리, 파프리카 등 다양하게 먹을 것을 추천한다. 특히 항산화 효과가 강한 식품은 크랜베리, 배, 포도, 사과, 체리, 딸기, 수박, 블루베리, 바나나 등이다. 포도와 사과는 껍질을 같이 먹는 것이 좋다. 생선은 오메가-3가 많은 고등어, 꽁치, 연어, 참치 같은 등 푸른 생선이 광어나 갈치보다 더 좋다. 그리고 전통적 한국 음식이 좋다.

셋째는 운동이다. 1주일에 5일은 운동을 해야 한다. 노인이 되면서 규칙적인 운동은 체력을 유지하고 몸의 유연성과 균형감각을 유지하기 위해 반드시 필요하다. 가장 좋은 운동은 매일 30분에서 한 시간정도의 속보이지만 적당한 근육 운동도 필요하다. 규칙적 운동은 당뇨와 비만을 예방하고 장수하는데 큰 도움이 된다.

넷째는 건강한 체중을 유지하는 것이다. 비만과 체중미달은 모두 사망률을 증가시킨다. 한국 노인의 절반 정도는 고혈압이며, 세 명 중 한명은 고혈압 약을 복용한다. 많은 사람들은 장기간 혈압 약을 복용하면서 부작용을 걱정하지만 사실은 혈압 약을 먹지 않아 중풍, 심근경색증, 심부전증 같은 심각한 합병증이 생긴다. 고혈압, 심장병, 당뇨병 같은 만성질환 환자도 치료 받고 스스로 관리를 잘하면 건강하게 장수할 수 있다.

다섯째 혈중 콜레스테롤과 중성지방을 정상으로 유지해야 한다. 혈액 안에 콜레스테롤과 중성지방이 증가하면 동맥경화증과 심혈관질환, 즉 심근경색증, 협심증, 뇌경색증(중풍)이 증가한다. 저밀도(LDL), 고밀도(HDL) 콜레스테롤이 있는데 저밀도 콜레스테롤이 높아지면 동맥경화증이 증가하지만 양성 콜레스테롤이 높아지면 동맥경화증은 감소한다.

여섯째 검증 안된 민간요법과 건강식품은 피해야 한다. 요즘 한국처럼 방송에 건강 관련 내용이 많이 나오는 나라는 없을 것이다. 경쟁이라도 하듯 연예인 등을 동원해 건강정보를 홍보하고 있다. 그러나 검증 안된 잘못된 정보를 너무 많이 퍼트리고 있다. 이런 프로그램을 보면 특정 식품 또는 건강식품만 잘 먹으면 예방 못할 병도 없고 못 고칠 병도 없다는 생각을 하게 된다. 이런것들은 임상효능과 안전성을 검증받은 것이 거의 없다.

몸에 좋다는 건강식품이라도 효능과 안전성이 검증되지 않은 제품은 먹지 않아야 한다. 많은 사람들이 종합비타민 또는 대량의 비타민C를 복용하고 있지만 이런 제품이 유방암, 대장암, 전립선암, 또는 심혈관 질환을 예방하거나 치료에 도움이 된다는 확실한 근거는 없다. 비타민E와 베타카로틴을 많이 섭취하면 사망률이 증가한다는 보고도 있다(JAMA, 2007). 또 미국의사협회 연구에 따르면 비타민E를 많이 섭취한 남성에서 뇌출혈이 증가한 경우도 있었다. 무엇보다 신선한 야채, 과일을 많이 먹는 것이 좋다.

일곱째 심한 스트레스와 심리적 갈등도 피해야 한다. 마음이 편안해야 몸이 건강해진다는 것은 누구나 다 아는 사실이다. 과도한 스트레스와 심리적 갈등과 불안증은 심장병의 중요한 원인 중 하나다. 마음의 안정과 행복을 찾으려면 지나친 욕심을 버려야 한다. 무리한 주식투자와 부동산 투기로 많은 한국인이 심각한 심장병 환자가 되었다. 외롭게 고립된 사람은 행복할 수 없다. 옛 친구도 자주 만나고 취미생활이나 모임을 통해 새로운 친구도 만들어야 한다. 내가 먼저 배려하고 베풀 줄 알아야 좋은 친구가 생긴다. 그리고 배울 것이 있다면 위아래 또는 남녀를 가릴 필요도 없다. 노인들은 어른 대우를 받으려 하지 말고 후배들을 배려하면서 살아간다면 노년의 인생이 더욱 행복할 것이다.

동아일보 동우회보 제53호 2017년 3월 24일

퇴행성 관절염 극복, 치료, 관리방법

　무릎은 한자로 슬(膝)이다. 인체의 일부분인 月(肉)자와 나무와 같이 단단한 뼈(木) 두 개(人)가 윤활액(水)을 사이에 두고 만난다는 뜻이다. 인체를 순환하는 기혈(氣穴)의 입장에서 보면 무릎관절은 일종의 강(江)과 같다. 건너가야 하는 존재다. 강을 안전하게 건느기 위해서는 튼튼한 다리나 배가 필요하듯 기혈이 원활히 순환되기 위해서는 관절을 건너가는 근육과 힘줄이 튼튼하고 연골과 윤활액이 건강해야한다. 한의학에서 치료에 활용하는 경혈(經穴)이 주로 관절 주변에 많이 분포되어있는데 그 만큼 관절이 중요하기 때문이다.

　무릎의 구조를 살펴보면 넓적다리의 대퇴골과 아랫다리의 경골, 비골이 연골과 윤활액을 사이에 두고 만나고, 슬개골과 각종 인대 및 근육이 덮여있는 모양새다. 무릎관절은 경첩과 같이 굽혔다 폈다 하는 운동뿐만 아니라 보행을 용이하게 해주고 보행시의 충격을 흡수한다.

　무릎 관절은 자유로운 직립보행을 가능하게 해주는 고마운 구조지만 한편으로 워낙 많이 사용하는 관절이다 보니 나이가 들어가는 과정에서 대부분 무릎 통증을 느끼게 된다. 무릎이 아프면 모든 행동의 전제조건인 보행이 어려워져 건강 유지에 문제가 된다. 백세시대에 무릎의 건강을 확보하는 것은 매우 중요하다. 걷지 못하는 건강은 아무 의미가 없다.

무릎과 관련, 가장 많이 고통 받는 것은 무릎을 과도하게 사용하여 발생한 퇴행성 염증이다. 성장기를 거친 성인의 무릎이 시간이 지남에 따라 보행으로 인한 스트레스가 누적되어 무릎을 구성하고 있는 인대나 연골 등 각종 조직에 염증이 반복적으로 발생하고 이로 인해 무릎의 구조가 변형되어 가는 퇴행적 과정을 겪게 된다.

사람들은 무릎에 염증이 발생해도 보행을 계속하게 된다. 결국 관절 주위 뼈나 인대 조직이 딱딱해지고 우둘투둘해지는 경우가 많다. 이로 인해 무릎 주위 조직의 염증이 더 쉽게 발생하는 악순환으로 무릎의 퇴행성관절염의 진행이 가속되는 것이다.

나이들어 가면서 많은 사람들이 퇴행성관절염으로 고생하는데 얼마전 코오롱생명과학이 세계 최초로 퇴행성관절염세포 유전자 치료제 바이오신약인 '인보사(Invossa)' 출시를 앞두고 있다고 발표했다. 관절염이 있는 무릎에 직접 약물을 주사하는 치료다. 국내 임상시험을 통해 인보사를 1회 주사하면 1년 이상 통증이 완화되고 약해진 연골을 보강해주는 효과가 있다고 인정받았다. 19년에 걸친 연구개발

노력으로 코오롱생명과학은 2016년 11월 일본 미쓰비시다니베제약과 인보사 기술 수출계약을 맺었다. 수출액이 5000억원으로 한국제약 바이오업체가 단일국가를 상대로 기술을 수출한 사례로는 역대 최고액이다. 그러나 허가를 위해 성분을 속인 혐의등으로 코오롱 임원이 기소되었다. 그런데 2심에서 무죄가 선고되었다.

제약업계에 따르면 퇴행성관절염을 앓아 거동이 불편한 환자는 국내에만 500만명, 치료비는 연간 1조원이 넘는다고 한다. 고령사회로 빠르게 진입하면서 전 세계 환자는 4억명이 넘는다.

또 한가지 김채규 울산과학기술원(UNIST) 자연과학부 연구교수팀이 미국 존스홉킨스대 의대와 공동으로 퇴행성 질환을 완화하는 약물후보 물질을 발견하고 동물실험으로 효능을 확인했다고 알려졌다. 연구진은 퇴행성관절염 환자의 노화세포에 각종 약물을 투여하며 실험을 거듭해 노화세포를 없앨 수 있는 후보 물질 'UBX0101'을 발견했다는 것이다.

이 물질을 퇴행성관절염에 걸린 쥐에게 투여해 보았더니 노화세포만 선택적으로 제거되고 관절염증상이 완화되었다는 것. 김교수팀은 퇴행성관절염 환자들을 대상으로 임상실험을 하며 약물의 안전성과 효율성을 검증하고있다고 한다.

퇴행성 무릎 관절염의 경우 치료도 중요하지만 생활속에서 운동요법과 식이요법을 병행하여 무릎관절을 보호해야 한다. 무릎 주변 근육이나 인대, 신경이 손상되었다면 운동을 제한하고 염증을 조장하거나 조직 재생에 악영향을 주는 술과 지방질 섭취를 피해야 한다.

정확한 진단이 선행되지 않은 상태에서 막연히 걷기 운동이나 자전거 타기 같은 무릎 강화운동을 시도하여 오히려 증상을 악화시키는 경우가 많다. 특히 등산은 퇴행성무릎관절염 환자의 경우 주의해야 한다. 산은 일단 올라가면 무릎에 무리가 오더라도 반드시 내려와야 하는데 문제는 올라갈 때는 힘이 남아 있어 큰 무리 없이 올라갔으나 내려올 때 근육이 힘을 잃어 손상이 일어나 결국 무릎 관절염의 악화로 이어진다.

퇴행성무릎관절염은 식이요법도 매우 중요하다. 고지방식, 고 탄수화물 식이를 주로 하는 경우, 특히 술까지 많이 마셔 증상이 악화되는 경우를 흔히 볼 수 있다. 단백질 섭취량을 늘리는 것은 관절염 완화에 도움이 되는데 단백질을 섭취할 때도 어류, 패류나 지방이 많지 않은 육류 등을 소량씩 섭취하는 것이 중요하다. 최근 연구결과를 보면 오메가3, 등푸른 생선, 아마씨, 햄프씨드와 같은 곡물을 규칙적으로 섭취하는 것이 퇴행성무릎관절염의 완화에 큰 역할을 하는 것으로 나타났다.

봄철의 각종 나물도 퇴행성관절염에 도움이 된다. 두릅이나 가시오가피, 옻나무 순을 데친 나물은 몸의 습기를 없애 부종을 빼주고 혈액을 맑게 하며 염증을 없애 준다. 씀바귀, 민들레 등 쓴 맛이 강한 나물

류도 염증을 가라앉히는 역할을 한다.

퇴행성무릎관절염은 예방이 최선이지만 일단 발생하게 되면 퇴행성 염증 질환의 특성상 완전한 치료보다는 꾸준한 관리가 중요하다. 정확한 진단과 이에 따른 전문적 치료 및 상황에 맞는 운동요법과 식이요법으로 충분히 극복, 또는 관리가 가능한 질환이다.

동아일보 동우회보 제54호 2017년 5월 24일

노화, 산화를 막는 효소의 힘

술을 많이 마신 다음날 숙취 때문에 고생하는데 이는 알코올을 분해하는 효소가 잘 작동하지 않았기 때문이다. 효소는 우선 밥을 분해한다. 이 효소가 없으면 밥은 영원히 밥으로 그대로 남는다. 밥이 분해되지 않아 탄수화물이 되지 못한다.

우리 몸의 효소는 5000종 이상이다. 음식을 소화시키고 분해하는 것 외에 세포 재생, 항체 형성, 배설 등 많은 일들을 끊임없이 진행한다. 엄청난 화학반응이 우리몸속의 세포에서 일어나고 있는 것이다. 이런 반응 없이는 생물은 살수 없다. 정자가 난자에 접근하거나 수정에도 효소가 필요하다. 효소가 부족하면 모든 세포조직의 기능이 떨어지고 각종 질병들이 창궐하게 되며 인류는 존재할 수가 없게된다.

주름, 기미, 백발 등 노화의 징조가 나타났을 때 기미를 레이저로 제거하고 주름에는 보톡스를 맞거나 백발을 염색하기도 한다. 하지만 겉으로 나타난 노화 현상을 아무리 치료해도 그 효과는 '언 발에 오줌 누기'격이다. 노화란 세포 자체가 늙어가는 것. 그리고 세포 노화는 체내가 산화되면서 진행된다.

따라서 좋은 노화 방지법은 몸속의 항산화 능력, 즉 체내 효소의 활성화를 향상시켜 체내 산화를 예방해야 한다. 우리 몸에서 항산화 능력이 가장 강한 물질은 효소이다. 나이를 먹어도 젊게 사는 사람은 효소의 힘이 강한 사람이다.

효소의 힘은 단순히 효소의 양만으로 결정되는 것이 아니다. 효소의 질. 즉 활성도가 매우 중요하다. 효소 활성도가 최고로 높아지면 적은 양으로 큰 효과를 낼 수 있다. 하지만 유감스럽게도 대부분의 현대인은 갖고 있는 효소의 능력을 100% 활용하지 못한다. 체내에는 효소가 활성화되는 것을 방해하는 요인이 여러 가지가 있지만 가장 큰 요인은 '혈행(血行) 불량'이다.

효소가 제대로 활동하기 위해서는 비타민, 미네랄 등 조효소가 꼭 필요하다. 그런 조효소를 세포까지 운반해 주는 것은 혈액으로 대표되는 체액이다. 그 체액이 매끄럽게 흐르지 않으면 세포의 기능은 현저히 저하되고 심할때는 사멸한다.

그렇다면 어떻게 해야 혈액 순환을 도와 효소가 활성화 될 수 있게 할 수 있을까. 백옥주사, 산삼주사 등 수백만원 드는 고액주사를 맞지 않고도 큰 효과를 거두는 방법을 살펴본다.

첫째는 물을 충분히 마셔야 한다. 물 섭취량이 부족하면 중요한 체액의 수분 보유량이 감소하고 끈적끈적해져 흐름이 나빠진다. 수분이 부족한 상태가 진행되면 세포 내에 축적된 수분이 부족한 곳으로 이동하면서 수분을 빼앗긴 곳은 그 기능을 상실하게 된다. 좋은 물을 충분히 섭취하면 혈액에 함유된 수분 보유량이 안정되고 혈액이 맑아져 자연스럽게 체액의 흐름이 좋아진다. 혈행 불량이나 부종 등의 증세가 있는 사람을 보면 물을 적게 먹는 경향이 있다. 물을 넉넉히 섭취해야 혈액 순환이 좋아지고 부종도 낫는다. 물은 여러가지 많지만 필자는 강원도에서 조성해 주로 일본에 수출하는 게르마늄 성분의 약산(藥山)생수를 마신다. 가격이 비싼 것도 아닌데 다른 물과 비교해보면 물맛이 다르다.

둘째는 술 담배다. 담배나 알코올은 혈액 순환을 악화시킨다. 알코올은 마실 때는 좋지만 탈수 증세를 촉진시키고 끽연은 바로 혈관을 수축시킨다. 담배의 해로움은 따로 설명할 필요가 없겠다. 노화의 상징이라 할 수 있는 백발도 두피의 혈행 불량과 직결된다. 백발은 두피의 모근 부분에서 멜라노사이트를 생성하는 세포가 사멸하여 일어나는데 바로 혈행 불량이 이 세포를 죽이기 때문이다. 1996년 '브리티시 메디컬 저널'에 발표된 모즐리의 연구에 의하면 흡연자들에게 조기 백발이 나타날 확률은 비흡연자의 4배에 이른다.

셋째는 체온조절이다. 효소의 힘을 저하시키는 또 다른 큰 요인은 체온 저하다. 효소가 가장 활성화되는 온도는 섭씨 37~39도 사이. 우리 체온은 평소에는 체온 조절 중추에 의해 일정하게 유지되지만 병에 걸리면 체온 조절 중추에서부터 발열을 촉진하는 발열 신호를 내보낸다. 이 작용은 체온을 높임으로써 효소를 활성화시키고 면역력을 올리려는 것이다. 체온이 섭씨 0.5도 내려가면 면역력은 35%가량 낮아지는데, 이것은 체온이 저하되면서 효소의 활성도가 약해지기 때문이다. 암세포는 체온이 섭씨 35도일 때 가장 활성화된다.

요즘 평균 체온이 섭씨 35도 정도 저체온의 사람들이 젊은 여성을 중심으로 늘어나는데 병에 걸리기 쉬울 뿐만 아니라 노화가 진행되는 속도도 빨라진다는 사실을 명심해야 한다. 평소 자신의 평균 체온을 인식하여 체온이 낮으면 높이도록 노력해야 한다.

저 체온증은 '올바른 식사', '충분한 수면·휴식', '올바른 호흡', '적절한 운동'을 하면 개선할 수 있다. 나이 들면 어느 것이나 절대량이 작아진다. 식사량이 줄어들었을 때 가장 조심해야 할 것은 역시 균형을 유지하는 것이다. 좋아하는 음식만 먹지 말고 골고루 섭취하되 식물식(植物食)을 선호해야 한다. 오랫동안 잠을 자지 못하는 사람은 효소의 회복력이 낮아지기 때문에 일상생활을 하면서 졸거나 낮잠을 자는 습관을 들여야 한다.

넷째는 바른 호흡이다. 올바른 호흡은 코로 쉬는 복식호흡이다. 심호흡을 하면 목 속에서부터 체온이 상승하는게 느껴지는데 이것은 깊은 호흡으로 산소가 대량으로 흡입되어 대사 능력이 향상되기 때문이다. 다만 같은 복식호흡이라도 입을 사용하면 체내의 수분 증발량이 늘어나 좋지 않다. 심장은 의식하지 않아도 박동을 계속하지만 호흡은 의식적으로 심호흡을 하거나 잠깐 멈출 수도 있다. 복식호흡으로 흐트러진 자율신경의 균형을 바로잡는 것이 '올바른 호흡법'이다. 복식호흡은 몸의 긴장을 풀어 주는 스트레스 해소에도 좋다. 가능하면 맑은 곳에서, 숨을 들이마실 때는 짧게, 숨을 내 쉴 때는 천천히 내쉰다. 복식호흡 할 때는 배를 크게 움직여야 한다.

코 호흡에는 입 호흡할 때 얻을 수 없는 장점이 있다. 우선 들이마신 공기의 먼지를 없애는 작용을 한다. 들이마시는 공기 중에는 작은 먼지나 미생물 등 여러 가지 물질이 포함되어 있다. 코로 숨을 쉬면 코점막에 의해 유해한 병원균의 약 50~80%가 제거된다. 또 공기가 비강(鼻腔)을 통과하면서 적절한 가습과 온도 조절이 이루어진다. 이 때문에 비강이 건조되는 것과 바이러스 등의 번식도 막을 수 있다.

폐는 너무 건조하거나 찬 공기가 들어오면 점막에 섞이지 않아 산소 흡수율이 떨어지는데 코 호흡을 하면 가습과 동시에 온도 조절도 이루어져 추운 계절에도 산소 흡수율이 낮아지지 않는다. 입으로 숨을 쉬면 유해물질이 그대로 기관이나 폐까지 들어오고 바이러스가 번식하기 쉬우며 필요한 산소를 충분히 흡수할 수가 없다.

또 하나 효소를 활성화시키는데 **빼놓을** 수 없는 중요한 것이 있다.

그것은 자신이 행복하다고 느끼는 마음 자세. 항상 사랑과 은총, 봉사와 감사의 마음을 갖고 행복하다고 느끼면 효소가 활성화 된다. 진정 젊은 모습으로 살고 싶다면 무슨 일이든 긍정적인 마음을 갖고 적극적으로 행복하게 살기 위한 노력을 아낌없이 해야 한다. 모든 것이 그렇듯 건강에도 대가를 지불해야 한다.(Pay the price)

노화라는 것은 분명히 세포가 산화되고 쇠퇴하여 발생하는 것이지만 육체에만 신경을 써서는 안 된다. 마음이 행복하지 않다면 진정한 의미에서의 건강과 젊음은 얻을 수 없다. 몸과 마음에 주의를 기울여 내부에서 효소의 힘을 높이는 것, 이것이 바로 최고의 노화 방지법이다.

울창한 숲속 산책길에서 항상 감사하는 마음으로 심호흡을 하며 걷는 모습, 얼마나 아름답고 찬란한가!

동아일보 동우회보 제55호 2017년 7월 25일

노년기 우울증, 이렇게 떨쳐내자

고령화 사회였던 우리나라가 고령사회에 진입했다. 2017년 8월말로 주민등록 인구 51,753,820명중 65세 이상 인구가 7,257,288명으로 전체의 14.02%를 기록, 유엔이 정한 고령사회에 들어섰다.

우울증으로 병원에서 진료받는 전체 환자들 중 65세 이상 노인이 30%가 넘는다. 노인 우울증 환자수는 최근 5년간 연평균 6.4%씩 증가하고 있어 고령사회에서의 정신질환 관리가 시급하다. 한때 외설시비로 요란했던 67세의 소설가 마광수씨도 심한 노년기 우울증에 빠졌다가 자살해 요란하게 보도되었다.

노년기가 되면 신체기능이 저하되어 몸이 예전 같지 않고 주변 사람들의 신체 질병, 죽음 등 부정적 일들이 계속 발생하면서 우울증에 쉽게 노출 될 수 있다. 그중에도 자신의 건강 악화, 신체기능 상실은 우울증과 직결 된다. '내 몸이 내 마음대로 움직이지 않으니 더 이상 할 수 있는 것이 없다'는 부정적인 생각이 들면서 우울증에 빠지게 된다. 요즘에는 독거노인 수가 부쩍 늘어나면서 더욱 급격히 확산되고 있다.

노년기 우울증상은 살아가면서 여러가지 활동을 하는데 소극적이되고 흥미를 잃게 돼 살아가는 즐거움을 느끼지 못한다. 항상 홀로 남았다는 생각과 함께 침울한 기분에 젖게 된다. 동시에 가정이나 사회에서의 본인의 존재가치에 회의를 느끼게 된다. 피곤함을 자주 느끼고 체중감소와 불면증에 시달리기도 한다. 건강에 대한 불안, 또는 죄책감이나 허무주의에 빠지기도 한다. 집중력이 줄어들고 기억력이 약해진다. 심한 경우 자살을 시도한다.

노년기 우울증은 일반 우울증과 달리 머리가 아프고 온몸이 쑤시는 등의 근육통을 동반하는 경우가 있다. 치매와 유사한 점도 있지만 치매와는 달리 시공간능력 파악장애나 계산착오 등의 증상을 보이지 않는다. 그러나 우울증을 그대로 방치할 경우 신체질환의 악화, 인지기능 저하 등의 다양한 문제가 발생해 적절한 시기에 빨리 치료해야 한다.

노년기 우울증을 예방하기 위해서는 무엇보다 대외 활동을 그치지 않아야 한다. 나이 들어 체력저하를 핑계로 바깥 활동을 자제하게 되는데 이는 아주 좋지 않다. 가능하면 친구와 자주 어울리고 사회나 단체 활동, 혹은 이웃간의 행사에도 적극 참여할 필요가 있다. 참여해보면 참여자만이 이 세상에 존재한다는 것을 깨닫게 된다. 취미활동에도 열정을 가져야 한다. 이같은 대인관계에서 너무 아는척 하지 말고 내 주장 내세우며 누굴 가르치려 하지 말아야한다. 또 너무 오래 살았다느니, 이 나이에 무엇을 하겠느냐는 등 스스로를 포기하거나 죽음으로 몰아가는 어리석은 언행은 삼가야한다. 이 찬란한 대지위에서 살아 숨 쉬는 것 자체가 인생의 환희 아닌가. 살아있는 것 자체가 위대한 것이다. 호사불여악활 (好死不如惡活), 개똥밭에 굴러도 이 승이 낫다고 하지 않는가.

건강을 위해서도 운동이 필수적이지만 노인 우울증 해소에도 운동이 필수적이다. 강렬한 운동보다는 햇볕을 쬐며 하루 30분 정도 산책하는 것이 좋다. 햇볕을 쬐면 뼈를 튼튼하게 하고 면역세포 생성을 돕는 비타민D 합성에 좋고 기분을 좋게 해주는 세로토닌의 분비가 활발해져서 우울증 예방에 도움이 된다. 운동은 노인우울증으로 생길 수 있는 수면 부족에도 큰 도움이 된다.

평소 마음 가짐을 어떻게 가지느냐도 매우 중요 하다. 우울한 생각, 비관적인 생각을 하기 보다 긍정적 사고와 즐거운 마음을 가질 수 있도록 노력해야 한다. 인생 후반은 마무리의 시간들이다. 즐기면서 정리한다는 마음가짐이 중요하다.

그리고 노인의 절약은 더 이상 미덕이 아니다. 있는 돈을 즐거운 마음으로 쓸 줄 알아야 사람이 따른다. 어차피 땅이나 건물, 증권등 으로 놔두고 갈 것 아닌가, 그렇게 아껴 어쩌겠다는 것인가. 축구에서 전후반전을 훌륭히 마치고 연장전에 돌입한 당신의 노고와 능력을 관중들은 이미 충분히 알고 있다. 연장전 결승골 욕심은 후배들에게 양보하고 멋지게 마무리하면서 박수칠 때 떠날 수 있도록 '유종의 미'를 거둬야한다.

그러기 위해서는 먼저 마음의 짐을 내려놓아야 한다. 재산을 모으거나 지위를 얻는 것이 경쟁관계 속에서 이루어진 것이기에 황혼에서는 그런 부담을 내려놓아야 한다. 권위의식을 털어버리고 살아가면서 쌓인 미움과 서운한 감정도 털어버리고 항상 용서해야 한다. 돈이 부족한 데서 오는 약간의 불편, 지위의 상실에서 오는 상처, 가정이나 사회로부터의 소외감도 감수하고 초월한 마음가짐을 가져야 한다. 또 가능하면 자식으로부터 독립해야 한다. 금전적인 독립은 물론 사랑이라는 이름으로 얽매인 부모자식 관계의 굴레에서 벗어나야 진정한 가족관계가 유지된다. 가장 가까운 자식도 남이라는 생각도 가져야 한다. 그저 제일 사랑하는 남인 것이다.

그리고 항상 감사해하고 봉사할 줄 알아야 한다. 인간은 삶의 마지막엔 누군가에 의지해야 한다. 효성스런 자식이 없다면 더더욱 그렇다. 그렇다면 내가 살아 움직일 수 있을 때 타인을 위해 미리 적선해야한다. 내가 살아온 가정과 사회와 이 지구 환경에 고마움을 느끼고 감사 할 줄 알아야 성숙한 노년의 삶이 아니겠는가. 진정 감사의 표현을 할 수 있는 한, 눈도 잘 보이지 않고 귀도 잘 들리지 않으며 몸도 잘 움직일 수 없어 대소변도 못 가리는 사람이라 하더라도 그는 엄연한 만물의 영장 인간이다. 아름답고 참다운 노년과 죽음을 체험할 수 있는 위대한 존재다.

홀로 즐기는 습관도 들여야 한다. 노인이 되고 세월이 흐르면 친구들은 한 사람 두 사람 사라진다. 설혹 살아 있다하더라도 건강이 나빠 함께 지낼 수가 없다. 아무도 없이 낯선 동네를 혼자서 산책할 수 있을 정도로 고독에 강한 인간이 되어야 한다. 우울함과 허무함이 밀려오더라도 그 센티멘탈한 감정을 멋있게 즐겨야한다.

새로운 기계 사용법도 적극적으로 익혀야 한다. 기계사용법을 익히기가 힘들더라도 몇 번씩 설명을 들어 파악한다. 약간 불편하더라도 지금 상태 그대로가 좋다고 생각하지 말아야한다.

여행은 많이 할수록 좋다. 여행지에서 죽어도 좋다는 각오로 떠나야 한다. 여행만큼 생활에 활력을 주는 것도 없다. 낯선 땅에서 낯선 사람들을 만나고 낯선 절경 구경하고 낯선 음식 먹는 것은 언제나 신선한 느낌으로 다가온다. 노년의 건조한 생활에 변화를 줄 수 있는 여행은 많이 할수록 좋다. 외국에서 여행하다 죽더라도 자필의 화장 승낙서를 휴대하고 다니면 어느 나라에서나 화장하여 유골로 만들어주고 항공사는 저렴한 가격으로 고국의 가족에게 운송해 준다. 여행지에서 죽더라도 별 문제가 없다. 이런 각오인데도 감히 우울증이 덤비겠는가.

우울증 치료에는 약물치료, 면담치료 등이 있다. 최근에 개발된 우울증 치료 약물들은 비용에 비해 효과가 좋아 습관성이나 중독성이 거의 없으며 우울증이 좋아지면 끊을 수 있다. 우울증에 좋은 음식은 은행, 콩, 우유, 시금치, 바나나 등이 있다. 그러나 진정한 우울증 치료는 마음 가짐에 달려있다.

동아일보 동우회보 제56호 2017년 9월 21일

매일 걷고 활동하면 치매위험 낮아진다

우리나라 노인 10명중 한명이 치매에 걸려있다. 85세 이상 노인은 두 명중 한명이 치매다. 치매는 완치가 어려워 치매환자 가족이 겪는 정신적 육체적 고통과 함께 경제적 부담도 심각하다. 긴 병에 효자 없다는 옛말은 바로 치매를 두고 한 말 같다.

현재 국내 치매환자는 80여만명으로 앞으로 계속 빠른 속도로 늘어날 것으로 전망된다. 가끔 만나던 친구가 갑자기 모임에 나오지 않아 알아보니 아내가 치매에 걸려 꼼짝못하게 되었다는 것이다. 부모를 모신 자식이 하루 종일 직장에 나가있거나 맞벌이 부부의 경우 낮에는 노모를 혼자 둘수 밖에 없는 경우 늙은 치매 어머니가 혼자 식사도 챙겨먹지 못하면 어찌해야 할 것인가. 인지기능을 상실함으로써 인간으로서의 존엄성을 위협받고 환자 본인은 물론 가족들에게 큰 고통을 안겨주는 것이 치매다. 그래서 치매는 각종 조사에서 '어르신들이 가장 두려워하는 질병' 1위를 차지한다. 보건복지부에 따르면 국내 치매환자는 2020년에 84만명, 2030년에 127만명, 2050년엔 271만명으로 추정된다. 치매 치료, 요양비도 현재 10조원에서 2050년에는 134조원으로 늘어난다. 정부는 치매환자 가족이 겪는 고통과 부담을 줄여주기 위해 치매 국가책임제를 추진하고 있다.

알아두면 좋을 치매 대처방법과 예방법을 살펴본다. 나이가 들면 누구나 뇌가 노화하면서 자연히 치매 유병률이 올라간다.

흔히 치매를 불가피한 질환이라 생각하지만 예방법을 숙지해 잘 실천하면 병을 피할 수 있고 발병 시기를 늦출 수 있다. 최고의 예방법은 규칙적인 운동이다. 운동은 뇌의 혈액순환을 촉진하고 뇌신경을 보호하며 신경세포 간의 연결을 원활히 해주어 뇌기능을 향상시킨다. 간단한 걷기만을 꾸준히 해도 큰 도움이 된다. 1주일에 3회 이상 땀이 나는 운동을 하면 인지장애가 생길 확률이 42% 낮아진다는 연구 결과도 있다. 특히 매일 3km 이상 걸으면 치매에 걸릴 위험이 70% 낮아진다. 흡연은 신경세포의 퇴화를 촉진하기 때문에 절대적으로 피해야 한다. 술은 적당히 마시면 심혈관 기능을 개선하지만 과음은 절대 금물이다. 직장이나 사회생활에서 많이 느끼지만 술 많이 마신 선배 동료들에게서 인지장애가 생기는 것을 자주 목격할 수 있고 대부분 앞서 세상을 떠나는 것을 흔히 볼 수 있다. 대체로 술 많이 먹는 순서대로 먼저 먼길을 떠나간다.

머리 쓰는 활동도 계속해야 한다. 은퇴한 후에도 머리 쓸 수 있는 활동을 적극적으로 찾아 나서야 한다. 글 읽기, 글 쓰기, 그림 그리기, 노래 부르기, 바둑, 운전 등을 조금 늙었다고 쉽게 그만둬서는 안된다. 각종 오락과 배움 활동을 열심히 하고 주변 사회단체나 가족 행사에 적극 참여해야 노년기 우울증과 함께 치매를 다스릴 수 있다. 십자말 풀이나 끝말잇기, 반대말 찾기 같이 혼자 할 수 있는 말놀이를 해보는 것도 좋은 방법이다. 미당(未堂) 서정주(徐廷柱)선생은 말년에 기억력 감퇴와 치매에서 벗어나기 위해 세계의 산 1,624개와 각 나라의 수도 이름을 외웠다고 한다. 어떻게든 뇌를 자극해서 인지 장애란 것이 내게 접근하지 못하도록 해야 한다. 100세 시대에 70대는 청년이라고 생각해야한다.

식품 섭취도 중요하다. 생선 채소 과일 우유처럼 뇌 건강에 좋은 식품 섭취는 늘리고 포화지방이 많은 육류 섭취를 줄인다. 혈압·혈당은 주기적으로 확인해 혈압은 140/90mmHg 미만으로 유지하고 혈당을 끌어올리는 흰밥 빵 과자등은 가급적 먹지 말아야 한다. 사탕은 입에 넣었더라도 뱉어내야 한다.

특히 노인은 혈액이 깨끗하고 혈관이 건강해야한다. 그렇지 못하면 협심증, 동맥경화로 혈관에 스탠트를 끼어 넣어야 하고 나아가 동맥 바이패스 수술을 받아야한다. 소년의 혈액은 맑고 깨끗하지만 노년의 혈액은 묽고 탁하다. 스탠트를 아무리 끼어 넣어 봐야 늙고 피폐한 피는 종말처리장에 거의 다다른 수준이다. 혈관이 늙고 병들면 치매, 심혈관 질환, 황반변성과 같은 노인질환이 내 몸에 끼어들어온다. 이런 현상은 단순히 삶의 질을 떨어뜨리는데 그치지 않고 실명, 협심증에 각종 암 등으로 사망으로 이어진다. 나이 들수록 혈액, 혈관 관리에 각별히 신경써야한다.

혈관 건강을 위한 대표적 영양소는 오메가3다. 오메가3는 자연에서 발견한 가장 안전하고 위대한 건강식품이라고도 한다. 특히 노년의 경우 오메가3를 매일 복용하는 것이 바람직하다. 일일 권장량은 500~2000mg 이다. 대표적인 오메가3 계열 지방산은 DHA, EPA로 뇌세포를 재생시키는 주요성분이다. DHA는 세포 사이에 원활한 연결을 도와 신경호르몬 전달을 촉진하고 EPA는 혈중 콜레스테롤 수치를 낮추고 혈전을 막는다. 오메가3는 알츠하이머 치매의 원인 물질인 베타아밀로이드가 뇌에 쌓이는 것도 막아준다. 세계보건기구와 미국, 캐나다 등의 보건원에서도 오메가3를 공식적으로 권장하고 있다. 그러나 혈액응고억제제를 복용하고 있는 경우에는 피해야한다. 필자는 오메가3는 물론 코큐10, 징코민도 복용하고 있다.

만약 치매가 의심된다면 망설이지 말고 곧바로 전문가를 찾아야한다. 60세 미만도 보건소에서 무료로 검진 받을 수 있다. 전체 치매의 70%는 알츠하이머 치매이지만 그 다음으로 많은 것이 혈관성 치매로 약물이나 수술 치료가 가능하다. 알츠하이머 치매도 신속히 대처하면 악화 속도를 늦출 수 있다. 얼마나 빨리 치료를 했느냐에 따라 중증 악화 비율이 20% 가까이 차이 난다고 한다.

치매 초기에는 환자 본인이 할 수 있는 간단한 집안일은 스스로 쉽게 할 수 있게끔 돕는 것이 중요하다. 가능한한 일상생활을 유지할 수 있도록 하기 위한 것이다. 중기로 들어가면 여러가지 이상행동이 나타나고 일상의 리듬도 깨진다. 이 경우도 환자가 혼자 할 수 있는 최소한의 일상생활을 찾아 그것을 할 수 있도록 도와야 한다. 혼자 식사하기가 가능하다면 밥을 챙겨주면서 가능한한 혼자 식사할 수 있도록 한다. 함께 옷을 정리 하거나 함께 간단한 청소를 하도록 유도한다. 치매환자는 섬유소와 수분을 충분히 섭취해야 변비를 예방할 수 있다. 하루 6~8잔의 물을 마실 수 있도록 도와주어야한다. 이 세상에 물보다 더 좋은 것은 없는것 같다.

동아일보 동우회보 제57호 2017년 11월 22일

면역력 떨어지면 감기, 암, 성인병 잘걸려

우리 몸에는 매일 수천개의 암세포가 만들어진다. 그런데도 많은 사람들이 암에 걸리지 않는다. 그것은 면역력 때문이다. 우리 몸에 침범한 병원체나 독소 등을 없애주는 자연 치유능력인 면역력은 돌연변이에 의해 생겨난 암세포를 발견 즉시 제거해버린다. 그렇지만 우리 몸의 면역기능이 떨어지면 암환자가 되어버린다. 면역력이 떨어지면 세균이나 박테리아, 바이러스 등의 침범에 속수무책으로 당할 수밖에 없다. 그래서 '불치병' 암도 생기고, 결핵도 걸리고, 당뇨병, 고혈압 등 각종 질병이 나타난다. 면역력 기능이 떨어지면 쉽게 피로해진다. 입 안이 자주 헐고 입술이 갈라지며 감기에도 잘 걸린다.

우리 몸의 면역력 담당 역할은 백혈구의 림프구다. 림프구가 혈관을 타고 돌면서 각종 침입자를 찾아내 파괴한다. 그래서 그 많은 세균의 침범에도 우리 몸에 각종 질병이 생기지 않는다. 면역력이야말로 내 몸의 수호천사요, 내 건강의 파수꾼이다. 그래서 면역력을 최고의 상태로 유지하도록 힘써야 한다.

면역력을 최고의 상태로 유지하려면 어떻게 해야 할까. 우선 내 몸의 면역력을 저하시키는 주범들을 파악해야한다. 이 역시 미리 대처하는 것이 중요하다. 첫째 단백질이 부족하면 각종 병원균에 쉽게 감염된다. 또 몸이 비만하면 면역세포의 일종인 T-세포가 담당하고 있는 세포 매개성 면역반응이 감소돼 인체의 면역력이 떨어진다. 특히 비타민A, C가 부족하면 안된다. 이들 비타민이 면역세포의 활동을 도와주기 때문이다. 아연이나 셀레늄 마그네슘 섭취량이 적어도 안된다. 이들 모두 우리 몸 면역기능과 밀접한 연관을 맺고 있다. 이런 영양소가 부족해도 문제지만 필요 이상으로 많이 섭취해도 우리 몸의 면역기능이 떨어진다.

영양 부족은 곧바로 면역력을 저하시킨다. 세포들이 활동력을 잃어 면역기능이 떨어진다. 많은 조사 연구 결과 우리 몸의 면역력은 무엇을 어떻게 먹는가에 따라 크게 좌우되는 것으로 나타났다. 내 몸의 면역력 증강은 식탁 위에서 시작된다. 식사는 편식되지 않도록 해야 한다. 골고루 먹는 것이 중요하다. 영양의 균형이 면역력을 좌우하기 때문이다.

현미는 최상의 영양원이다. 현미에는 탄수화물, 단백질, 지방, 비타민 B군, 미네랄 등 우리 몸에 필요한 영양소 대부분이 포함되어 있다. 따라서 평소 정제되지 않은 현미를 주식으로 하면 영양의 밸런스를 맞출 수 있다. 밥에 콩을 넣으면 더욱 좋다. 특히 어린이들은 콩을 반드시 먹도록 해야 한다. 콩은 식물성 단백질로 면역기능을 높이는데 아주 효과적이다. 그래서 콩은 밭의 쇠고기라 불린다. 마늘이야말로 이세상 모든 식품 중 가장 몸에 좋은 인류의 최고식품이다. 면역력에 있어서도 최고의 면역증강 식품이다. 박테리아, 곰팡이를 죽이고 바이러스를 죽이며 암세포까지 죽이는 효과가 있다. 양배추도 빼놓을 수 없다. 서양에서는 예로부터 양배추가 약으로 사용되었을 정도다. 영양 가치가 우수한 양배추는 식이섬유가 풍부하고 비타민도 다량 함유하고 있어 내 몸의 면역력을 높이는 최고의 식품이다.

당근 역시 훌륭한 식품이다. 일본에서는 당근이 인삼으로 불린다. 색이 선명한 당근은 카로티노이드의 보고로 베타카로틴의 함유량이 녹황색 채소 중 단연 최고다. 베타카로틴은 항 산화력이 강한 성분이다. 버섯 역시 빼놓을 수 없다. 버섯은 약효를 지닌 균사(菌絲)식품이다. 버섯에는 면역증강 작용을 하는 베타글루칸이라는 신비한 성분이 함유돼 있어 인체의 면역력을 높여주는 대표적인 식품이다. 녹황색 채소 또한 소중한 식품이다. 풍부한 비타민 A, C가 면역세포를 만들어 내고 그 기능을 촉진시킨다. 토마토, 당근, 시금치, 살구, 복숭아도 적극적으로 찾아 먹어야 한다.

지방질 과다 섭취는 면역력을 떨어 뜨린다. 고지방 음식물은 담즙산 분비를 촉진시키는데 이로 인해 장내 세균에 의한 발암 촉진 효과가 발생, 인체의 면역 기능을 크게 저하시킨다. 만병의 근원으로 지목

되는 스트레스는 면역력을 저하시키는 주범이다.

면역력을 높이려면 반드시 스트레스를 해소해야 한다. 그러려면 해소법을 알아야 한다. 우리 몸이 스트레스를 받으면 스트레스 호르몬이 나오게 되는데 이 호르몬은 정상적인 세포활동을 막는 작용이 있어 면역기능을 저하시킨다.

이대 목동병원 백남선 박사가 소개 하는 스트레스 해소법을 보면 첫째 사고의 전환이다. 적극적인 생활 태도와 긍정적인 생각으로 생활하는 것이다. 스트레스는 사실은 남이 주는 것이 아니라 내 생각이 스트레스를 만들어 내고 내 사고방식이 스트레스를 불러온다. 일례로 물 컵에 물이 반만 있다면 반밖에 안 남았다고 하기보다 아직도 반이나 남았다라고 생각해보자는 것이다. 또 누군가 해야 될 일이라면 내가 해버리고 가능하면 상대방을 이해하고 용서하며 세상만사를 긍정적으로 바라보는 생활 태도를 가져야 한다는 것. 그것이 스트레스를 최소화 할 수 있고 그 길이 내 몸의 면역력을 높이는 지름길이다. 항상 감사하다는 생각을 갖고 항상 웃고 지내자. 별일이 아니더라도 억지로라도 웃고 살아보자는 것이다. 모두 내 몸의 건강을 위해서다.

면역력 증강 운동법도 중요하다. 그중 단연 으뜸은 혈액순환을 촉진하는 운동이다. 운동은 분명 면역력을 증강시키는 중요한 요소중의 하나이지만 반드시 적당한 운동이어야 한다. 매일 헬스클럽에 가서 무거운 역기를 수없이 들고 고속력 러닝머신 등 땀을 뻘뻘 흘리며 그야말로 헉헉거리며 숨가쁘게 하는 운동은 별 도움이 안 된다. 우리 몸의 생리현상을 보면 너무 심하고 과격한 운동을 하면 체내의 신진대사 과정중 유리(遊離)산소(화합물에서 떨어져 나온 발생기의 산소)가 생성을 더욱더 촉진시켜 오히려 정상적인 세포를 파괴하거나 돌연변이를 일으키는 등 좋지 못한 영향을 미친다. 땀이 뽀송뽀송하게 나는 정도의 운동이 가장 좋다. 조금 빠르게 걷는 워킹이나 등산, 조깅, 스트레칭 등을 기분 좋게 할 경우 우리 몸의 면역력이 쑥쑥 올라간다.

담배 연기 속에는 4천여 가지의 화학물질이 포함되어 있다. 이중 100여종은 우리 인체에 극히 해롭다. 이들 화학물질은 정상세포를 공격하여 지치게 만들어 우리 몸의 면역기능을 떨어뜨린다. 수면 부족도 문제다. 잠자는 동안 뇌 속에서 멜라토닌 호르몬이 분비된다. 이 호르몬이 우리 인체의 면역력을 높여주는데 잠이 부족하거나 수면 습관이 나쁘면 우리 몸의 면역력이 떨어져 각종 질병에 걸릴 수 있다.

최근 새로운 면역치료시대가 열렸다고 한다. 인체가 가진 면역세포 또는 면역물질의 힘을 키워 암을 고치는 차세대 항암제인 면역치료제가 개발되고 있다. 면역치료제는 원래 암세포를 잡는 능력을 가진 면역세포의 능력을 대폭 키워 암세포를 죽이는 치료제다. 이같은 새 방식의 항체치료 면역관문억제제(면역항암제)는 암세포 기능을 떨어 뜨려 암세포를 아예 체포해버리는 방식으로 현재 미국등지에서 상용화가 추진되고 있다. 그러나 맹신은 안된다는 견해도 있다.

동아일보 동우회보 제58호 2018년 1월 23일

젊어 보이는 사람, 늙어 보이는 사람

물이 없으면 효소는 활동하지 못한다. 물을 충분히 섭취하면 위와 장의 흐름이 향상되어 독소가 배출되고 장내 세균이 균형을 갖추게 되며 보다 많은 효소가 생긴다. 면역 시스템도 마찬가지. 생체기관이 충분히 물을 함유하지 않으면 면역세포가 활동을 못해 세균에 대한 저항력이 떨어진다.

장 질환을 앓고 있는 사람은 피부에 어떤 징후가 나타난다. 뒤집어 표현하면 피부 트러블을 겪고 있는 사람은 장에 어떤 문제가 있다. 나이에 비해 늙어 보이는 사람은 바로 장이 그만큼 쇠약해져있다는 것을 알아야 한다. 한마디로 얼굴을 보면 그 사람의 장상(腸狀)이 좋은지 나쁜지를 알 수 있다. 실제 나이보다 늙어 보이는 사람은 장상이 나쁜 것이다. 피부 상태나 얼굴빛, 표정, 눈동자 광채 등 인상이 좋은 사람은 장상이 좋고 장상이 나쁜 사람은 인상도 좋지 않다.

모두들 나이 먹어 늙어 보이는 것은 어쩔수 없다고 생각한다. 분명히 나이 먹으면 육체는 쇠약해진다. 아무리 젊게 보이는 사람이라도 70세를 넘어 섰는데 20대로 보이는 경우는 없다. 하지만 70세 넘어서도 50대나 60대로밖에 보이지 않는 '젊어보이는 사람'이 있는가 하면 80대나 90대로 '늙어보이는 사람'도 있다. 사람을 보고 젊다고 판단하는 기준은 우선 피부다. 탄력있고 싱싱한 피부는 젊음의 상징이다. 젊음을 추구하는 여성들이 가장 신경쓰는 것이 기미, 주름, 피부 처짐 등 피부 노화 현상이다.

장상이 나빠지면 가장 크게 변하는 것이 피부다. 변비가 있으면 뾰루지가 나거나 살갗이 트는 등 피부 트러블이 발생한다. 변비가 있으면 왜 피부 트러블이 발생할까? 장은 음식을 소화시키는 기관이다. 장이 건강하면 필요한 영양소는 흡수하고 불필요한 찌꺼기나 장내에서 생기는 독소는 변으로 배출한다. 하지만 변비가 있으면 이런 독소들이 제대로 배출되지 못한다. 장내에 쌓여있던 독소가 출구를 찾아 장벽에서 혈관으로 흘러 들어가고 혈관을 통해 전신을 돌아다니게 된다. 그리고 최종적으로 땀샘 등을 통해 몸 밖으로 나오는데, 그때 피부를 해친다. 이것이 변비로 인해 생기는 피부 트러블 과정이다. 장의 면역 기능을 높이면 피부염도 낫는다.

나이에 비해 늙어 보이는 사람은 바로 장이 그만큼 쇠약해져 있다는 것을 뜻한다. 위나 장이 좋은 사람들의 공통점은 효소를 많이 함유한 식품을 먹고 있는 것이다. 위나 장이 나쁜 사람들은 대부분 음주,

흡연, 과식에 식품첨가물이 많은 음식을 먹고 스트레스도 심해서 효소를 많이 소비하는 생활을 한다. 나이 이상으로 장이 노화되면 그 사람의 수명은 짧아진다. 나이를 먹으면서 자연히 장이 나빠져 결국 죽음을 맞는다고 생각할지 모르지만 실제로는 그렇지 않다. 천수를 누리고 죽는 사람의 장은 의외로 깨끗하다. 100세 넘은 사람의 장 상태가 나쁜 경우는 찾아 볼 수가 없다고 한다. 105세의 최고령이었는데도 내시경으로 진찰한 결과 장 내부가 아주 부드럽고 깨끗한 모습이었다는 것이다. 장상이 나쁜 사람은 그렇게 장수할 수 없다.

어떻게하면 장을 깨끗하게 유지할 수 있을까. 의료계에서는 '7가지 건강법'을 권장한다. '올바른 식사', '좋은물 마실것', '올바른 배설', '올바른 호흡', '적절한 운동', '충분한 휴식과 수면', '웃음과 행복'이다. 올바른 식사는 위장의 흐름을 좋게하고 좋은 물은 몸의 체액의 흐름을 좋게 한다. 올바른 배설은 위장과 소변 대변의 흐름을 원활하게 해주어 림프와 혈액의 흐름을 좋게 해준다. 올바른 호흡은 산소를 운반하는 피의 흐름을 좋게 해주고 자율신경의 균형도 바로잡아준다. 적절한 운동 역시 혈액, 림프, 호흡의 흐름을 좋게 해준다. 충분한 휴식과 수면, 웃음과 행복은 기(氣)와 위장 등의 흐름을 좋게 한다.

지금까지의 임상경험이나 환자의 식습관 자료를 분석한 결과 궤양성 대장염이 많이 발병하는 것은 유제품, 특히 우유의 과잉 섭취와 관계가 있다고 한다. 노화를 진행시키는 음식으로는 먼저 산화된 음식을 들 수 있다. 산화된 음식은 체내에서 활성 산소를 대량으로 생성하고 세포를 손상시킨다. 사과나 감자는 껍질을 벗겨 두면 색이 변한다. 표면이 공기 중의 산소에 노출되어 산화된 것. 오래된 음식은 산화가 진행되었기 때문에 되도록 먹지 않는 것이 좋다. 야채나 고기는 먹기 직전에 썰어 조리하면 산화를 최소한으로 막을 수 있다.

조심해야 할 것은 처음부터 산화되어 있는 음식 재료다. 여러가지 열매를 짜서 만든 식용유가 대표적인 식재료다. 제조 단계에서부터 이미 산화되었기 때문에 최소한만 사용하는 것이 좋다. 특히 육류는 노화를 촉진시킨다. 많은 사람들이 '고기를 먹지 않으면 원기가 부족해지고 몸이 크지 않는다'고 한다. 그러나 고기를 즐겨 먹어 체격이 좋아진 것이 아니라 성장기에 동물성 단백질을 많이 섭취하여 성장 속도가 빨라져 결과적으로 신체가 좋아진 것이다.

고기에 함유된 지방은 사람의 체온에서 잘 용해되지 않아 혈액이 끈적끈적해진다. 소, 돼지, 닭의 체온은 사람보다 높은 섭씨 38.5~40도다. 소나 돼지 닭의 지방은 그런 온도에서 가장 안정된 상태를 유지하기 때문에 그보다 낮은 인간의 체온인 섭 씨 36.5도에서는 끈적끈적한 덩어리가 되어 혈관 내벽에 달라붙는다. 끈적 끈적해진 혈액 때문에 혈액 순환이 나빠지면 영양분이 세포의 구석구석까지 충분히 공급되지 않아 세포 신진대사를 방해해 노화를 촉진시킨다. 산화된 음식과 동물식, 이 두 가지는 노화 촉진 음식이란 사실을 명심해야 한다.

그러면 고운 살결을 만들어 주는 식품은 어떤 것일까. 얼마 전까지 한국인과 일본인의 피부는 세계적으로 곱기로 유명했다. 도자기처럼 매끈하여 서양인의 피부와는 비교가 되지 않는다. 고운 살결을 만드는 식문화는 바로 '곡물 중심 식물식 식사'다. 전통적인 한국 식사나 일본 식사는 현미나 다른 곡물을 주식으로 하여 된장국, 야채나 해초 조림, 그리고 생선이 조금 곁들여 있었다. 그런데 고도 성장기에 들어서면서 식단이 스테이크나 햄버거 등 서양식으로 바뀌어 버린 것이다.

가장 이상적인 식사로는 주식이 백미가 아니라 현미 식사다. 현미에는 녹말질, 당질 외에도 식물 섬유나 비타민, 미네랄 등이 풍부하게 포함되어 있다. 이런 양질의 탄수화물은 효율적으로 소화되기 때문에 단백질이나 지방을 흡수하면서 생기는 독소를 걱정할 필요가 없다. 게다가 식물성 섬유가 풍부하기 때문에 노폐물이나 독소 배출도 쉬워진다. 현미는 칼로리는 낮고 백미보다 식이섬유를 2배 이상 함유하고 있어 변비를 예방할 수 있다.

젊게 살기를 원한다면 우리는 그렇게 할 수 있다. 특별히 위장에 좋은 식생활을 하지 않는데도 젊어 보이는 사람이 있다. 또한 똑같이 장에 좋은 식생활과 생활 습관을 실천하며 사는데도 젊게 보이는 사람과 그렇지 못한 사람이 있다. 무엇이 다르기에 유독 젊어 보이는 것일까? 거기에는 이유가 있다. 젊게 보이는 사람들은 한결같이 '자신은 젊게 살고 싶다'는 의욕이 매우 강하다. 즉 마음가짐이 남달랐다. 마음이 몸에 미치는 영향력은 우리가 생각하는 이상으로 엄청나다. 긍정적인 동기 부여에는 병을 이기는 힘도 있다. 젊음은 젊어지고 싶은 욕구 여부에 따라 크게 달라진다.

여배우나 유명인 중에는 젊게 보이는 사람들이 많다. 그들이 모두 위장에 좋은 생활을 하고 있느냐 하면 꼭 그렇지도 않다. 그들의 젊음은 '젊게살고 싶다', '누구보다 아름다워지고 싶다'는 강한 욕구가 만들어주는 것이다. 은퇴한 여배우나 임기 마친 대통령중에는 깜짝 놀랄 만큼 갑자기 늙어 버린 사람들이 적지않다. 그것은 한창 일할때 갖고 있던 강한 욕구가 은퇴하면서 사라져버렸기 때문이다.

동아일보 동우회보 제59호 2018년 3월 23일

목 마를때 마시면 몸에 물이 부족한 상태

물은 우리 몸의 모든 곳에 있다. 우리 몸의 3분의 2 이상이 물로 이루어져 근육은 75%, 허파는 83%, 뇌는 73%, 뼈도 22%가 물로 이루어져 있다. 간장 비장 등 모든 장기 역시 많은 양의 물을 지니고 있다. 물기가 없을 듯한 손톱, 발톱조차 약 15%의 수분이 함유되어 있다. 물은 체온을 조절하고 영양물질, 산소를 운반하며 신진대사를 도와 노폐물을 제거하고 디스크나 관절도 보호한다.

먼저 효소에 물은 필수적이다. 물이 없으면 효소는 활동하지 못한다. 물을 충분히 섭취하면 위와 장의 흐름이 향상되어 독소가 배출되고 장내 세균이 균형을 갖추게 되며 보다 많은 효소가 발생한다. 면역 시스템도 마찬가지. 호흡기관이 충분히 물을 함유하지 않으면 면역세포가 활동을 못해 세균에 대한 저항력이 낮아진다. 그러면 쉽게 감기, 기관지염이나 폐렴에 걸리게 된다. 피부도 수분이 부족하면 다양한 잡균에 대한 저항력이 약해져 피부염 등 피부 트러블이 자주 일어난다.

이처럼 몸은 모든 부위에서 물을 필요로 한다. 체내에 물이 부족할 때 우선적으로 공급되는 부분이 정해져 있다. 가장 앞서 공급되는 부위는 뇌다. 신경세포로 이루어져 있는 뇌는 전신에 뻗어있는 신경을 통해 모인 정보를 처리하고 온몸에 명령을 내리는 우리 몸의 사령탑이다. 신경세포에는 미세한 수로가 있다. 뇌에서 생산된 신경 전달 물질은 이 수로를 통 해 전신의 말초신경에 명령을 전달한다. 뇌에 수분이 심각할 정도로 부족하면 의식장애나 기억장애를 일으킨다. 뇌 다음으로 물을 많이 필요로 하는 부위는 폐, 그 다음이 간, 콩팥 같은 내분비계 장기이며 맨 뒤가 피부다. 노화의 첫 신호가 피부에서 나타나는 것은 이 때문이다.

성인이 하루에 필요로 하는 물은 약 1.5~2리터. 하루에 1리터만 마신다면 30~50%가 부족하다. 물 부족 상태가 지속되면 유전자가 이상을 일으켜 암 세포로 변할 가능성도 있다. 생활 습관과 병의 관계를 조사한 암 전문의에 따르면 암에 걸린 사람들 대부분이 충분히 물을 마시지 않았다는 것이다. 그래서 암 환자는 수술한 후에도 재발을 막기 위해서는 물을 많이 마셔야 한다. 암 환자는 콩 팥에 문제가 없다면 하루 2~3리터를 마셔야 한다. 그래야 암 재발률이 낮다.

미국에서 다양한 대체 치료가 개발되고 있는데 물을 충분히 마심으로써 질병을 치료하는 '음수요법(飲水療法)'이 있다. 이 요법을 제창

한 벳맨겔리지(F. Batmanghelidj)박사는 사람의 몸에 물이 어느 정도 중요한지를 의학적으로 연구했다. 현대인이 앓고있는 대부분의 병은 '체세포의 만성적인 물부족 현상으로 인한 대사 장애'가 주원인이라고 주장했다. 그의 음수요법으로 많은 만성질환자가 구원을 받았다고 한다.

당신은 언제 물을 마시는가? '목이 마를 때'라고 대답한다면 당신의 몸은 상당히 물이 부족한 상태다. 갈증을 느끼는 것은 실은 몸이 보내는 최후의 경고이다. 물이 부족하면 가장 먼저 영향 받는 것이 혈액과 림프액이다. 혈액이 산소나 다양한 에너지원을 세포로 운반한다면 림프액은 오래된 세포나 노폐물을 나른다. 혈관과 림프관은 신체의 상하수도로 비유된다. 혈액의 60%를 차지하는 혈장의 90%가 수분이고 림프액도 90%가 수분이다. 물이 부족하면 혈액과 림프액의 수분이 줄어 혈액 농도가 진하게 된다. 끈적끈적한 혈액이 되어 흐름이 나빠진다. 그러면 혈압이 오르고 심박수가 증가하며 모세혈관이 닫힌다. 외부로 나타나는 첫 신호는 역시 피부의 노화다.

강연할 때 장시간 얘기하면 목이 잠기는데 역시 물 부족 때문이다. 가수는 갈증이 나지 않더라도 노래 부르면서 앞뒤로 1리터쯤 물을 마셔야 한다. 최근 들어 컴퓨터 앞에 앉아 일하는 기회가 부쩍 늘어 안구건조증으로 고생하는 사람들이 많아졌다. 이 역시 눈에만 문제가 있는 것이 아니라 몸 안에 수분이 부족하기 때문이다. 눈이 건조해지면 물을 마시고 잠시 눈을 감고 있는 것이 안약을 투여하는 것 보다 훨씬 유효한 대처법이다.

나이 들어 밤중에 다리에 쥐가 나거나 아파서 깬 경험이 있을 것이다. 장딴지 근육이 제대로 수축되지 않아 경련을 일으키는 것인데 역시 물부족 때문이다. 혈중 수분이 감소하여 미네랄이 균형을 잃었기 때문이다. 취침 2시간쯤 전에 충분히 물을 마신 후 자기 직전에 소변으로 배설하고 자면 좋다. 수영이나 축구 등 격렬한 운동을 하다가 발에 쥐가 나는 것도 비슷하다.

소변 검사할 때 아침에 일어나서 맨 먼저 본 것으로 한다. 가장 진한 소변이기 때문이다. 소변에는 체내 상태를 파악할 수 있는 단서가 아주 많이 포함되어 있다. 아침에 맨 먼저 보는 소변에 수분이 가장 적고 다른 많은 정보가 들어 있다. 물을 넉넉히 섭취한 소변은 아주 연한 노란색, 아침 오줌은 진한 노란색이다. 오줌 색깔이 진한 사람은 몸에 물이 부족한 상태다.

체내에 수분 보유량이 적은 노인이나 수분이 듬뿍 필요한 아기는 성인보다 탈수 상태에 빠지기 쉽다. 모두 물을 자주 마셔야 한다.

알레르기성 비염을 앓고 있는 사람은 코 점막에 꽃가루가 들어오면 필요이상으로 히스타민이 생성되어 콧 물이나 재채기가 심하게 나온다. 알레르기 환자에게 매일 물 마시는 양을 조금씩 늘려주었더니 놀랄 만큼 증세가 호전되었다고 한다. 천식, 아토피성 피부염 등도 물

섭취량을 조금씩 늘려 그 효과를 확인해 볼 수 있다.

술 마신 다음 날 아침엔 목이 몹시 타는 경우가 있다. 몸이 심한 탈수 상태가 되었기 때문이다. 알코올은 다양한 방법으로 우리 몸에서 대량의 물을 빼앗아 간다. 특히 칼륨이 대량으로 함유된 맥주는 강한 이뇨 작용을 할 뿐만 아니라 알코올을 분해할 때 발생하는 독소를 중화, 배설하는 데에도 수분이 사용된다. 이런 과정에서 몸 안의 물이 대량으로 배출되어 탈수가 진행된다. 탈수 상태가 진행되면 탈수 상태로부터 몸을 지키기 위해 혈관이 일거에 수축하고 혈류를 제한한다. 혈액 흐름이 막히면 수 많은 세포가 수분 부족으로 기능이 저하된다. 이런 알코올에 의한 탈수는 수분 보유량이 많은 뇌에까지 영향을 미친다. 술을 잔뜩 마신 다음 날 머리가 아픈 것은 뇌세포가 탈수되어 뇌가 위축되었기 때문이다.

어쩌다가 과음하는 정도라면 충분히 물을 마셔 뇌가 수축되는 것을 막을 수 있지만 술을 너무 즐기면 뇌 수축이 반복돼 조금씩 회복력을 상실하여 결국 원래 상태로 돌아오지 않게 된다. 의학적으로 알코올 의존증 환자의 뇌는 수축되어 있는데 그것은 잦은 음주로 뇌세포가 탈수된 결과다. 최악의 경우는 술을 마시면서 담배를 피우는 것이다. 니코틴이 혈관을 수축시키기 때문에 결국 술로 인해 초래되는 혈관 수축이 더욱 촉진된다. 담배를 즐겨 피우는 사람은 피부가 거무스름하고 처져 있는데 이것은 만성적인 탈수로 피부 노화가 진행되고 있기 때문이다.

마시고 마시고 또 마시자, 물을!

동아일보 동우회보 제60호 2018년 5월 25일

마늘 콩 깨 식초 토마토 양파 "암 물렀거라"

　담도암에 걸려 치료중인 동아일보 남달성 동우가 동우회장인 필자를 찾아와 동우들중 어려운 처지의 암환자에게 도움이 되도록 써달라며 1억원을 기탁했다. 정말 쉽지 않은 결정이며 참으로 고마운 자선이다. 어려운 처지의 동우 암환자들에게는 은총같은 우정이며 동우회의 품격을 한껏 높여주었다. 다시 한번 남동우에게 깊은 감사의 마음을 전한다.

　우리 몸 안에는 하루에도 수백개에서 수천개의 암세포가 생성되고다. 이 생성은 계속 진행중이지만 이런 것들이 문제가 되지 않는다. 왜냐하면 우리몸의 면역 체계는 이런 세포들을 찾아내 파괴하도록 만들어져 있기 때문이다. 그런데 20세기 중반부터 인류에게 전례없이 많은 양의 암세포가 생성되고 있다.

　무엇이 이런 폭발적 증가를 이끌었을까? 우리가 먹는 정크푸드(건강에 좋지 못한 인스턴트 음식이나 패스트푸드), 인간이 만들어 낸 독소와 전자기장 홍수 속의 삶, 스트레스 가득한 생활 방식, 운동 부족, 인공조명에의 노출, 그리고 건강을 훼손하는 의학적 치료, 이 모든 것들이 우리의 면역 체계를 손상시키고 있다.

면역 체계가 과로에 시달리면서 암 세포가 파괴되는 것보다 더 많이 생성되고 있다. 나이 60대 이상이라면 이미 암에 걸렸을 가능성이 농후하다. 다행히도 이 암세포들이 아직은 괴롭히지 않고 있을 뿐이다.

우리 몸은 스스로 건강해지고싶어 하며 어떻게 하면 건강해질 수 있는지도 알고 있다. 우리가 관심을 갖고 도와주기만하면 몸은 건강해진다. 그렇게 하기 위해 우리가 해야할 일은 몸이 필요로 하는 것들을 해 주고 몸이 진행해가는 일을 방해하지 않아야 한다. 유감스럽게도 많은 사람들은 물론 의사들까지도 이에 대해 무관심하거나 아니면 잘 알지 못하는 것 같다.

주류 의학은 병을 예방하려 하지 않는다. 병의 증세가 나타난 후에 보상을 받고 치료해준다. 뿐만 아니라 병의 원인(原因)이 아닌 증상(症狀)을 다루기 때문에 병을 원천적으로 고치지를 않고 계속 환자들이 아프게 하기도 한다, 그로 인해 엄청난 개인적, 사회적 비용이 초래된다. 사실 우리에게는 '건강관리 산업'은 없고 '질병산업'만 있다. 수백만명에게 몸과 마음을 아프게 하고 이로 인해 고비용을 지출하게 하면서 계속 질병 상태에 머물러있게 함으로써 질병산업은 계속 번창

한다.

오늘날 전세계 의사들이 암으로 먹고산다고 해도 과언이 아니다. 계속 아프게하고 고비용을 지출하게 하는 것보다 더 심각한 점은 과잉, 미흡, 미숙한 의학적 치료 자체가 질병을 일으키는 주된 원인이 되기도 한다는 사실이다.

사람들은 자신이 이 질병을 통제할 수 없다는 느낌이 들면 의사에게 통제권을 넘겨준다. 그러나 인간은 스스로 생각하는 것 이상으로 자신의 건강을 잘 통제할 수 있다는 것을 알아야 한다. 인간 내면의 의사(醫師)는 굉장히 강력하다. 건강과 치유는 자연의 섭리에 따른다. 우리 모두 자연의 섭리에 복종하면서 스스로 건강한 상태를 유지하기 위해 노력하는 것은 우리의 의무이자 책임이다. 그 책임을 제대로 이행하면 '기적'이 일어난다. 암은 예방할 수 있고 치유할 수 있다.

암은 20세기 중반부터 산업화가 된 나라들을 중심으로 폭발적으로 늘어 났다. 우리가 '현대 문명'이라고 부르는 것이 근본적으로 우리의 식습관, 환경, 생활 방식에 큰 변화를 초래했다. 이 변화는 우리의 세포들에게 필수 영양소 양을 줄이고 대신 독소를 채워 넣었다. 우리를 방사선에 노출시키고 생체 리듬에 큰 혼란을 안겨주었으며 몸 안의 내부 통신망을 망가뜨렸다.

농수산 식품 유통과 가공, 가축 관리 방법의 변화는 식품 속에 함유된 좋은 영양소를 줄이고 식단의 지방과 오일의 화학 성분조차 바꾸어 버렸다. 그래서 수천가지 인공 화학 물질과 엄청난 양의 정제 설탕, 표백 밀 가루, 가공된 기름 등이 우리 식단을 차지하게 되었다. 오늘날의 식품에 들어 있는 절반 이상의 칼로리는 우리 유전자가 진화해 오는 오랜 동안에는 존재하지도 않은 것들이다.

우리는 보이지 않는 독성 화학 물질 홍수 속에 살고 있고 우리 몸은 이 화학 물질들을 스펀지처럼 빨아들이고 있다. 이런것들이 우리 몸속의 세포들과 조직내에 축적되고 면역 체계 기능을 심각한 수준으로 망가뜨린다. 우리가 암에 걸리면 독성 화학 물질들로 합성된 약물을 쓰는데 그것들은 우리 몸에 더 많은 독소를 축적하기도 한다.

우리는 방사선에의 노출, 주로 앉아서 지내는 생활, 깨진 수면 패턴, 햇볕 부족, 만성 스트레스 등에 시달리고 있다. 우리는 계속 암을 유발하는 음식을 먹으면서 암을 유발하는 생활 방식대로 살고 있다. 이 암을 끝장내 버리고 싶다면 암을 유발하는 조건들을 다 뒤집어 버리면 된다.

신체 내부 환경을 암을 유발하는 환경에서 건강에 도움이 되는 환경으로 바꾸고, 세포들이 필요로 하는 좋은 영양소들을 어떻게 공급하는지 배우며, 어떻게 독소 유입을 줄일 것인지, 어떻게 건강에 보탬이 되는 생활 방식으로 살아갈 것인지에 대해 배우고 실천하면 된다. 이미 우리는 과학적으로 무엇이 암을 만들고 전이시키는지에 대한 정보를 얻어 알고 있다. 암을 예방하는 것이 암에 걸린 후 치료하는 것보다 훨씬 쉽다.

한가지 명심해야 할 것은 암에 걸렸다면 문제는 암이 몸속 어느 한 부분에 국한되어 있는 것이 아니라 몸 전체에 있다는 것이다. 암은 전신의 병이고 몸 전체의 문제다. 오직 의사들이 각기 다른 이름과 유형으로 암을 분류할 뿐이다. 암은 잘라내거나(수술), 독을 가하거나(항암), 혹은 태워버릴 수 있는 것이(방사선) 아니라, 전신에 영향을 미치는 생물학적 과정이다.

노벨화학상과 평화상 수상자인 라이너스 폴링은 "모든 사람은 대부분의 암 연구가 대체로 사기라는 것을 알아야 한다"고 경고했다. 오늘날 암으로 사망하는 대부분의 사람들이 암으로 죽는 것이 아니라 치료 방법으로 인해 사망한다는 지적도 있다. 상당수의 암 전문의는 항암 요법을 자기가 사랑하는 사람들이나 자신에게는 직접 사용하지 않을 것이라는 연구 발표도 있다.

식습관 바꾸기, 매일 명상하기, 적절한 건강 보조 식품 섭취로 암을 완화시켜야 한다. 무슨 음식이든 골고루 먹는 것이 건강에 좋다. 그 중에도 신경을 써서 챙겨 먹을 식품, '암세포가 얼씬도 못 하게 하는' 진짜 항암제를 살펴본다. 마늘은 항암효과가 월등한 식품 중 군계일학이다. 항암작용을 하는 게르마늄 성분이 들어있어 암세포의 증식을 강력히 억제한다. 콩가루는 양질의 단백질이 풍부해 세포를 건강하게 해주고 암의 발생을 근원적으로 차단해준다. 콩에 풍부하게 들어있는 리놀산은 동물성 지방으로 생긴 혈관속의 콜레스테롤을 녹여 몸 밖으로 몰아낸다. 깨의 풍부한 식물성 지방성분인 리놀산은 혈관을 청소해주어 혈액과 근육의 상태를 좋게 해준다. 이 같은 성분이 부족하면 신체 각 부위에 병이 생긴다.

우리 몸은 해로운 식품을 먹거나 과식하면 몸속에서 부패해 독을 만들고 병을 일으키는데 식초는 이러한 나쁜 균을 없애준다. 식초는 피와 살을 깨끗하게 하는 정화제이며 신진대사를 원활하게 해주는 촉진제다. 이밖에 토마토, 양파, 브로콜리도 강력한 항암제다.

독일의 위대한 의사 막스 거슨이 실행한 커피관장도 암 예방 및 치료법이다. 이 방법은 신체에 위해를 가하지도 않고 비용도 들지 않는다.

동아일보 동우회보 제61호 2018년 7월 20일

디스크에 굵은 철사 넣는 고주파시술은 위험

나이 들어가면서 주변에 허리 아프다는 사람 천지다. 근래 들어 허리 통증이 문제가 되는 이유는 우리가 오래 살게 되었기 때문이다. 30대까지는 보통 허리 아픈 사람이 없다. 전신이 가장 튼튼한 시기이기 때문이다. 그 이후부터 퇴행이 시작돼 40이 넘어 50이 돼가면서 여기저기 아프기 시작한다. 하지만 그래봤자 50대, 60대가 되어 고통이 심해질 만하면 60~65세 사이에 죽었기 때문에 허리통증에 대해 별로 걱정하지 않고 일생이 끝났다. 하지만 지금은 50세에 아프기 시작하더라도 그 허리를 가지고 30~40년을 더 살아야 하기 때문에 문제가 발생한다.

심장이나 장기 등에 관해서는 현대 의학 수준이 상당히 높다. 많은 의사들이 치료법에 대해 공통적으로 잘 알고 있다. 하지만 허리, 목, 어깨 같은 경우는 전문가들 사이에서도 오해가 너무 많다. 상당수 의사들도 정확히 모르기 때문이다. 죽는 병은 아니니까 많은 돈을 투자

하지 않아 그 부분의 조직을 꺼내 깊히 연구해 볼 기회가 적었다.

목, 허리, 무릎은 신중하게 다뤄야 한다. 이에 대해 요통, 경부통, 견관절통 분야 전문의인 서울대 재활의학과 정선근 교수에게 들어본다. A 환자의 경우 2010년 교통사고가 났는데 허리가 아프기 시작해 9개월 정도 고통을 겪다가 4, 5번 디스크를 뽑아내고 인공디스크를 박았다. 그 후 그 병원에서 시키는 재활운동을 꾸준히 했는데도 출근 후 11시쯤 되면 허리가 너무 아파서 어디든 드러누워야 하는 상태에서 정교수를 찾아왔다. 그 환자의 디스크수술 직전의 MRI사진을 보니 수술을 안 해도 앞으로도 50년은 더 쓸 수 있는, 상태가 상당히 좋은 디스크인데 인공디스크를 박아 통증이 계속되고 있다. 너무나도 안타까운 상태였다.

B 환자는 27세의 여성 항공승무원인데 승객들 짐을 들어 올리다 허리통증을 느껴 병원을 찾았다. 그 병원에서 허리 디스크 안에 철사를 집어넣고 고주파를 넣어서 디스크를 좀 녹여주면 그 부분에 있는 아픈 신경도 없어지고 또 디스크가 녹았다가 다시 플라스틱 붙듯이 붙을 테니 그렇게 하자고 해서 수술을 했다고 한다. 그런데 그후 훨씬 더 아프고 전에 없던 통증마저 생겨 고통속에 지낸다고 한다. 많은 사람들이 잘못된 치료로 몸이 망가지고 심각한 경제적 손실까지 입는다. 정교수는 이런 사례들을 보고 어떻게 하면 현재의 수명대로 허리를 100년 동안 쓸 수 있게 할 것인가를 연구하게 됐다.

디스크는 우리 몸 척추에 붙어 있는 물렁뼈다. 디스크가 있어야 몸을 구부리고 펼 수 있다. 디스크는 속은 하얗고 밖엔 까만 껍질이 있다. 안에는 젤리나 로션 같은 것이 있고 밖은 튼튼한 막이 겹겹이 쌓여 있다. 뼈와 디스크를 연결해주는 노란 띠는 종판(終板)이다. 디스크는 이 세가지 구조물로 이뤄져 있다. 우리가 척추를 움직일 때마다 디스크가 앞뒤로 왔다 갔다 하면서 도와준다. 디스크는 충격 흡수 장치다.

좌골신경통이란 엉덩이에서 시작해 다리 밑으로 내려가는 좌골신경을 따라 나타나는 통증을 말한다. 이 통증이 왜 생기는지를 알게 된 것은 그리 오래되지 않았다. 1934년 하버드대 신경외과 교수가 좌골신경통이 있는 사람의 허리를 한번 열어보았다. 37세의 젊은 청년이 스키를 타다가 좌골신경통이 생겨 이를 수술한 것이다. 허리를 열어보니까 아픈쪽 다리로 가는 신경 뿌리를 누르고 있는 시커먼 혹이 하나 있었다. 그 혹을 제거했더니 3일 만에 그 청년이 뛰어다녔다. 그 시커먼 혹은 바로 디스크가 탈출한 것이다. 이런 내용을 안지 100년도 되지 않았다.

좌골신경통이란 디스크 속에 있는 젤리가 껍질을 찢고 나와 다리로 가는 신경에 닿게 되는 것이다. 그래서 이것을 잘라내는 것인데 수술을 해서 디스크를 잘라냈는데도 계속 좌골신경통이 남아있는 경우가 있다. 또 수술로 제거하지 않았는데도 좋아지는 경우도 있다. 한편 디스크에 아무 이상이 없는데도 좌골신경통이 있는 경우도 있다. 반면 죽을 때까지 한번도 허리통증이나 디스크통증이 없었는데도 부검해보니 허리디스크가 탈 출된 경우도 있었다.

이같은 수수께끼를 풀지 못하다가 1993년 북유럽의 올마크라는 의사의 실험으로 디스크 탈출로 수액이 튀어 나와 신경을 누르는 것보다 수액중의 어떤 물질 때문에 디스크에 염증이 생기는 것이 더 큰 문제라는 것을 알게 되었다. 수액 속의 세포가 밖으로 나오면 죽게 되는데 그 물질 때문에 신경에 염증이 생긴 것이다. 하지만 그 염증이 생긴 신경뿌리를 가만히 두면 어떻게 되는지 지켜봤더니 한 6개월 지나니 염증이 없어졌다. 개에게 실험해봤더니 2개월 뒤 염증이 사라졌다.

디스크 염증은 폐렴과 같다. 폐암은 폐의 그 부분을 뜯어내고 그 주변의 정상 폐까지 뜯어내야 생명을 구할 수 있지만, 폐렴은 항생제와 좋은 음식 먹고 운동 많이 하다보면 염증이 가라 앉아 그 폐를 그대로 쓸 수 있다. 그래서 요즘은 스테로이드 주사를 맞기도 한다. 염증을 제거하는 것이 중요하기 때문이다. 소염제를 꾸준히 먹어도 된다. 그런 것들이 다 싫으면 그냥 참고 시간이 지나면 대부분 좋아진다.

분명한 것은 허리부터 다리로 뻗쳐 내려가는 통증은 디스크가 탈출이 되거나 수액이 나와서 신경에 염증이 생겨 아픈 것이고 허리 가운데가 뻐근해서 아픈 것은 디스크 내부가 손상되어 아픈 것이라고 알면 된다.

허리디스크 수술을 한 사람과 안 한 사람을 비교해 보면 수술한 사람의 디스크가 조금 더 낫다는 결과가 있었다. 하지만 디스크 수술을 한 사람 중 4년 만에 재수술을 해야 하는 사람이 25%나 되었다. 이것은 수술을 하지 않는게 더 낫다는 말이 된다. 고주파 시술은 디스크에 철사를 넣는 수술인데 미국에서는 이 시술은 효과가 없는 시술이기 때문에 보험금 지급을 하지 않는다고 한다. 하지만 우리나라에서는 많이 시행되고 있다. 디스크에 굵은 철사를 넣는 것은 참으로 위험한 시술이다.

디스크 통증을 예방하기 위해서는 자연복대 자세를 오래 유지하는 것이 좋다. 자연복대는 허리를 꼿꼿이 세우고 배에 가볍게 힘을 준 자세를 말한다. 평소 디스크 손상을 막기 위해서는 자연복대 자세로 걷기, 자연복대 자세로 물건 들기, 자연복대 자세로 골프치기 등 모든 행동들을 자연 복대 상태로 하는 것이 좋다.

걸을 때 보폭을 넓게 하고 팔을 힘차게 흔들며 젊은 사람은 시속 6km, 연세가 있는 분은 시속 4~5km 정도로 30 분가량 걷는 것이 적당하다.

요즘 매켄지 운동이 각광받고 있다. 뉴질랜드의 물리치료사 매켄지가 우연한 기회에 허리 젖히는 운동, 바로 매켄지 운동을 고안해 퍼트린 것이다. 이 운동은 먼저 허리를 뒤로 젖혀 곡선을 만든다. 이어 견갑골(어깻죽지)을 뒤로 당겨 맞붙인다(손을 등뒤로 잡아서 하기도 함). 그리고 고개를 천천히 뒤로 젖힌다 (약간의 통증이 유발 될 때까지 약 5~10초 동안). 주의할 점은 목을 뒤로 젖힐 때 목만 뻐근한 분은 더 해도 되지만 팔 등 다른 부위가 저리면 디스크가 더 튀어 나온다는 뜻이므로 아프지 않을 때까지만 해야한다. 또 머리를 젖힐 때 혈관이 눌려 핑도는 느낌이 드는 분은 오래하면 안 된다.

허리근력단련운동도 있다. 옆으로 누워 다리를 위로 올렸다 내렸다를 반복한다. 잠자리에 들면서 5분정도, 아침에 눈 뜨자마자 5분정도 반복한다. 덤으로 뱃살 빠지는 효과도 있다. 필자가 권하는 것은 뒷짐이다. 등뼈에서 많은 질병이 생기는데 뒷짐지고 걸으면 가슴이 펴지고 상체가 뒤로 젖혀져 가슴, 배, 허리 모두에 좋을 뿐만 아니라 허리를 곧게 해주어 척추로 인한 각종 질병을 막아준다.

동아일보 동우회보 제62호 2018년 9월 20일

'의사에게 살해당하지 않는 47가지 방법'

일본에서 40년 동안 진료해온 의사 곤도 마코토가 "병원에 자주 갈수록 불필요한 약이나 과도한 의료행위로 수명이 단축되기 쉽다"며 '의사에게 살해당하지 않는 47가지 방법'이란 저서를 내 베스트셀러는 물론 전 세계 의료계에 파문을 던졌다.

암 치료 전문의인 저자는 임상 경험을 바탕으로 현대 의학은 구조적으로 과잉진료 위험성을 갖고 있다며 첨단 치료장비나, 최신 암 치료기 등이 치료에 도움이 되기도 하지만 환자의 수명과 삶의 질이 나아졌는지는 의문이라고 지적했다.

암은 우리나라에서 과잉진료가 이루어지는 대표적인 질병이다. 임종을 앞둔 말기암 상태에서도 강력한 항암제를 투여하는 경우는 비일비재하다. 저자는 암으로 고통 받다가 죽는 것은 "암 때문이 아니라 암 치료 때문"이라고 일갈했다.

저자는 혈압이나 콜레스테롤 기준치가 점점 낮아지는 것은 거대 제약회사들의 농간이라고 지적한다. 기준치가 내려가 고혈압이나 고지혈증 환자가 늘어날수록 제약회사의 이익은 커지기 때문이다. 고혈압이나 고지혈증이 발견되면 먼저 운동이나 식습관 교정 등을 통해 혈압이나 콜레스테롤 수치를 떨어뜨릴 수 있다.

저자는 혈압이나 콜레스테롤 수치가 조금 높아도 건강에 큰 지장을 주지 않는다고 주장한다. 노인의 경우 콜레스테롤 수치가 정상보다 낮으면 사망률이 증가한다는 것은 잘 알려져 있다. 불길로 날아드는 나방처럼, 스스로 의사에게 달려들어 생명을 잃거나 목숨을 단축하는 사람들이 너무나 많다는 것이다.

저자가 제시한 의사에게 살해당하지 않는 47가지 방법을 소개한다. 지나치다고 느껴지는 내용도 없지 않지만 수긍가는 부분이 아주 많으므로 참고하기 바란다.

① 환자는 병원의 '봉'이 아니다

사람들은 편의점 가듯 병원에 간다. 재채기만 나와도 병원에 달려가는 경우가 많고 의사는 진찰후 "감기 기운이 있다"는 소견만으로 기침약, 해열제, 염증약, 항생물질, 위장약 등 약을 무더기로 처방한다. 어디 그뿐인가. "혈압 한 번 재볼까요? 아, 혈압이 조금 높군요. 약을 먹는 게 좋을 것 같습니다. 혈당치도 염려되네요"라며 검사를 줄줄이 권하는 경우도 많다. 환자들은 이런 의사의 말에 '친절한' 선생님이라며 고마워하면서 매년 독감 예방주사를 맞고 건강검진이나 암

검사도 규칙적으로 받는다. 특히 암 진단을 받으면 수술, 항암제, 방사선 등의 표준 치료를 의사가 권하는 대로 순순히 받아들인다. 환자들은 의료도 비즈니스이며 그것이 의사의 생계수단임을 인식하지 못한다. 현재 의사들 대부분은 병자를 가능한 한 늘려서 병원으로 끌어들이지 않으면 살아남을 수 없다. 한마디로 의사의 감언이설에 넘어가는 사람은 의사의 봉인 셈이다. 소중한 시간과 돈을 의사에게 바치는 것을 넘어 생명까지 단축될 수도 있다.

② 병원에 자주 가는 사람일수록 빨리 죽는다

의사의 말을 절대적인 것으로 믿어서는 안 된다. 평생 의사로 일 해온 입장에서 자신 있게 말할 수 있는 것은 '병원에 자주 갈수록 약이나 의료 행위로 수명이 단축되기 쉽다'는 사실이다. 의사를 찾아가면 갈수록 검사를 자주 하게 되고 이상이 발견되어 약을 먹거나 수술을 하게 된다. 암이 발견되면 다짜고짜 소중한 위나 자궁을 잘라 내거나 죽을 만큼 고통스러운 항암제 치료를 받게 된다. 그 치료로 인한 스트레스도 엄청나고 그야말로 몸에 나쁜 일만 행해질 뿐이다. 대부분의 약도 병을 고치는 힘은 약하고 부작용은 심하다. 처음 의사가 되었을 때는 암은 수술이나 항암제로 '치료된다'고 굳게 믿고 있었다. 하지만 수많은 환자를 지켜보면서 장기를 절제해도 암은 낫지 않고 방사선이나 항암제는 고통을 줄 뿐이라고 생각하게 되었다.

③노화 현상을 질병으로 봐서는 안 된다

성인의 질병은 대부분 '노화현상'이다. 의사에게 치료를 받거나 약으로 고칠 수 있는 것이 아니다. 노화란 저항을 한들 억지로 강을 거슬러 올라갈 수는 없는 것이다. 몸도 자연의 일부로 받아들이는 편이 좋다. 발목의 통증, 암, 부정맥, 골다공증, 갱년기 장애, 기미, 주름, 탈모, 치매 등이 모두 노화 현상이다. 집이나 차가 오래되면 망가지듯이 우리 몸도 나이가 들면 여기저기 이상이 나타난다. 집과 차는 수리할 수 있어도, 인간의 몸은 새롭게 고치거나 부품을 교환하는 것이 거의 불가능하다. 요즘 한창 안티에이징(노화방지)이 유행하고 있는데 그 방법이라는 것이 결국 별 도움이 되지 않는다. 화장이나 성형처럼 겉모습만 바꾸는 것일 뿐이다. 어느 정도의 불편함은 자연의 섭리이니 어쩔 수 없는 것이라고 생각하고 그런 증상과 잘 사귀어 지내는 것이 합리적인 태도다. 나이가 들면 혈관은 탄력이 떨어지고 딱딱해지기 때문에 혈압이 조금 높아야 혈액이 우리 몸 구석구석까지 잘 흘러간다. 콜레스테롤은 세포를 튼튼하게 해주기 때문에 심하지 않으면 줄이지 않는 것이 좋다.

④'혈압 130'은 위험 수치가 아니다

고혈압 환자의 혈압을 낮췄더니 사망률이 하락했다거나, 심장병이나 뇌졸중 등이 감소되었음을 검증해 주는 실제 데이터는 아직까지 없다. 나이가 들면 동맥도 노화로 딱딱해져서 혈액을 흘려보내는 힘이 약해진다. 따라서 우리 몸은 혈압을 높이려고 한다. 뇌나 손발 구석구석까지 혈액을 전달하기 위해서다. 이런 상태를 약으로 떨어뜨리면 지각이 둔해지거나 몸이 휘청거리게 된다. 핀란드의 한 연구팀이 조사했는데 80세 이상 그룹에서는 최고혈압이 180mmHg 이상인 사람들의 생존율이 가장 높고 최고혈압이 140mmHg 이하인 사람들의 생존율은 뚝 떨어졌다. 그런데도 최고혈압이 130mmHg만 넘어가면 의사들은 위험하다며 약을 권한다. 이 기준치를 낮춘 결과 제약 업계가 호황이다. 일본에서 1988년에 약 2천억엔이었던 혈압 강하제 매출이 2008년에는 1조엔을 넘어섰다. 그야말로 혈압 상술의 대성공이었다고 할 수 있다. 이 기준치를 정하는 심의위원들 다수가 제약회사에서 거액의 기부금을 받았다. 콜레스테롤은 여전히 나쁜 성분으로 취급되지만 사실은 '장수의 원료'이기도 하다.

⑤ 혈당치를 약으로 낮추면 부작용만 커진다

당뇨병의 원인으로 여기는 스트레스, 술, 단것이 직접적으로 이 병을 일으킨다는 확실한 증거는 없다. 당뇨병이 무서운 것은 혈당치가 높으면 혈관이 손상되어 심근경색이나 뇌경색을 일으킬 위험이 높고 실명, 신장질환, 신경장애 등 심각한 합병증을 일으키기 때문이다. 약으로 혈당치를 낮추는 것은 아주 위험한 일이다. 약으로 혈당을 관리하는 경우, 항상 몸이 나른하거나 초조하고 분노조절이 잘 안 된다. 다리가 휘청거리거나 치매 증상 등이 나타난다면 약의 부작용을 의심해봐야 한다. 걷기, 자전거, 수영, 스트레칭 등의 유산소 운동이 혈당치를 떨어뜨린다.

⑥ 콜레스테롤 약으로는 병을 예방할 수 없다

세계적으로 많이 팔리는 스타틴 계열의 약은 다름 아닌 콜레스테롤 저하제다. 2009년 미국에서의 이 약 매출액이 145억 달러나 된다. 2004년 미국에서 나쁜 콜레스테롤(LDL) 기준치 저하를 장려했는데 이 기준치를 낮춘 근거에 설득력이 없을 뿐만 아니라 기준을 정하는 위원 9명중 8명이 제약업계로부터 돈을 받았다는 사실이 밝혀져 항의 운동이 거세게 일었다. 기준치를 되도록 낮춰 약의 판매량을 늘리려는 제약업계의 술수였다. 스타틴 계열의 이 약이 과연 효과 면에서도 뛰어난지는 생각해봐야 할 문제다. 약을 복용해서 병을 어느 정도 예방할 수 있을까? 이에 관한 데이터를 보면 실로 충격적이다. 병을 예방할 수 있는 확률이 복권 당첨확률보다 더 낮은데다 이 약이 정말 효과가 있는지 없는지조차 확실히 알 수 없기 때문이다.

⑦ 암 오진이 사람 잡는다

현재 질환에 의한 사망률 1위가 바로 '암'이다. 그런데 진료에 있어서 암만큼 헷갈리기 쉽고 오진이 많은 병도 드물다. 단순한 종기나 염증을 암으로 잘못 진단받고 위나 유방이 몽땅 잘려나가거나 생명을 잃는 사람들이 너무나 많다. 이런 불상사를 당하지 않으려면 무엇보다 의사의 진단을 주의하여 듣고 신중하게 대처해야 한다. 암에는 전이가 되지 않는 유사 암도 많다. 생명을 빼앗지 않는 암은 암과 비슷한 것, 즉 '유사 암'에 지나지 않으며 진짜 암으로 성장하지 않는다. 아무 증상도 없는데 검진에서 암이 발견되면 의사는 "조기에 절제하면 거의 100% 완치된다"고 말한다. 하지만 그것은 진짜 암이 아니라 유사 암으로 잘라내지 않아도 전혀 문제가 되지 않는다. 방사선 치료나 국소 수술을 하면 치유되고 전이가 되지 않는 것이 있는데 이 역시 유사 암이다. 위(胃)의 악성림프종 가운데 어떤 것은 항생제로 헬리코박터파일로리균을 제거하면 암이 소멸된다. 이 경우는 암이 아니라 '만성 염증'이라고 부르는 것이 타당하다.

47가지 중 나머지 40가지를 소개한다.

■암의 조기 발견은 행운이 아니다. ■암 수술하면 사망률이 높아진다. ■한 번의 CT 촬영으로도 발암 위험이 있다. ■의사를 믿을수록 심장병에 걸릴 확률이 높다. ■3종류 이상의 약을 한꺼번에 먹지 마라. ■감기에 걸렸을 때 항생제 먹지 마라. ■항암 치료가 시한부 인생을 만든다. ■암은 건드리지 말고 방치하는 편이 낫다. ■습관적으로 의사에게 약을 처방받지 마라. ■암 환자의 통증은 모르핀으로 치료해도 중독되지 않는다. ■암 방치요법은 환자의 삶의 질을 높여준다. ■편안하게 죽는다는 것은 자연스럽게 죽는 것이다. ■암 검진은 안 받는 편이 낫다. ■유방암, 자궁경부암은 절제수술하지 마라. ■위는 절제 수술보다 후유증이 더 무섭다. ■1cm미만의 동맥류는 파열 가능성이 낮다. ■채소주스, 면역요법 등 수상한 암 치료법에 주의하라. ■면역력으로는 암을 이길 수 없다. ■수술로 인한 의료사고가 너

무 잦다. ■체중과 콜레스테롤을 함부로 줄이지 마라. ■영양제보다 매일 달걀과 우유를 먹어라. ■술, 알고 마시면 약이 된다. ■다시마나 미역을 과도하게 섭취하지 마라. ■콜라겐으로 피부는 탱탱해지지 않는다. ■염분이 고혈압에 나쁘다는 것은 거짓이다. ■커피는 암, 당뇨병, 뇌졸중 예방에 좋다. ■건강해지려면 아침형 인간이 되라. ■지나친 청결은 도리어 몸에 해롭다. ■큰 병원에서 환자는 피험자일 뿐이다. ■스킨십은 통증과 스트레스를 줄여준다. ■입은 움직일수록 건강해진다. ■걷지 않으면 모든 것을 잃는다. ■독감 예방접종은 하지 않아도 된다. ■'내버려두면 낫는다'고 생각하라. ■응급상황일 때 외에는 병원에 가지 않는다는 등 건강하게 오래 살 수 있는 습관을 가져라. ■희로애락이 강한 사람일수록 치매에 안 걸린다. ■100세까지 일할 수 있는 인생을 설계하라. ■당신도 암에서 예외일 수는 없다. ■자연사를 선택하면 평온한 죽음을 맞을 수 있다. ■죽음을 대비해 사전의료의향서를 써놓자.

동아일보 동우회보 제63호 2018년 11월 20일

쳇바퀴-독불-꽁하게 살면 '치매 빨간 불'

80이 넘으니 주변에서 부음이 끊이지 않고 전해온다. 살아갈 연륜이 그리 많이 남아있지 않은 나이가 된 것이다. 무엇보다 건망증이 심해져 가까운 사람의 이름이 생각나지 않고 약속한 것도 잊거나 희미하게 느껴 진다. 상복하는 약도 먹었는지 잘 모르겠고 핸드폰으로 전화를 해놓고 신호가 가는 동안 내가 지금 누구한테 전화를 걸었는지 생각이 나지 않는다. 나도 치매에 가까워진 것은 아닌가 하는 생각을 떨칠 수가 없다.

나이 들어 암이나 심혈관 증세도 무서운 질병이지만 가장 무서운 것은 치매다. 치매(dementia)란 말은 '미치게 하다'라는 라틴어에서 비롯된 말로 '정신이 없어진 것'이라는 뜻이다. 치매가 되면 기억력, 사고력, 판단력이 떨어져서 마치 바보가 된 것처럼 평소에 알고 있던 일들을 잊어버리고 멍청하게 된다.

나이가 들면 피부 속의 피하지방과 수분이 줄어들어 피부에 주름이 생기듯이 뇌 역시 같은 과정을 거치며 늙는다. 치매는 65세 이상에선 약 5~7%, 80세 이상에선 약 20%에 이르는 것으로 보고된 바 있다. 80세가 넘으면 뇌 무게가 10%정도 줄어든다. 뇌 위축도 문제지만 치매는 뇌혈관 장애에 의해 일어난다. 뇌는 대부분 대뇌피질로 이루어져 있다. 이 대뇌피질이 인간의 행동, 생각, 기억을 가능하게 해주는데 각 기능에 해당하는 부분이 아주 가는선으로 구분되어 있다. 집안에서 전선 하나가 끊어지면 연결된 전등에 불이 들어오지 않는 것처럼 대뇌피질도 손상을 입으면 그 부분이 갖고 있던 능력을 잃어버린다. 대뇌피질은 약 160억개의 신경세포로 되어 있는데 한번 죽은 신경세포는 되살아나지 않는다. 이 신경세포가 일정한도 이상 죽어버리면 기억장애가 일어나 바른 판단이 불가능해진다. 이것이 노망 증상이다. 노망이 나는 원인엔 두 가지가 있다. 뇌혈관성 치매와 알츠하이머형 치매다. 치매는 뇌경색이나 뇌출혈로 인해 생기는 증상으로 고혈압과 동맥 경화가 근본 원인이다. 혈관이 터지면서 피가 흘러 기억능력을 유지시켜주는 뇌세포를 손상시키면 치매가 된다.

정상상태와 치매 상태를 구분할 수 있는 몇가지 판단기준이 있다. 치매에 걸린 사람은 ①밥을 먹었는지 안 먹었는지 잊어버린다 ②목욕을 했는지 안했는지 기억이 없다 ③가까운 가게에 물건 사러 갔다가 길을 잃는다 ④오늘의 날짜와 요일을 알지 못한다 ⑤계절 감각이 없다 ⑥배우자의 이름을 모른다 ⑦간단한 계산을 못한다 ⑧집중력이 없다 ⑨성격이 갑작스럽게 바뀐다 등의 항목을 체크해서 해당되는 항목이 3개 이상이면 치매가 시작되는 단계라 할 수 있다.

치매 증상은 진행 상태에 따라 3단계로 분류된다. 초기 단계는 어깨 결림, 피로감을 호소한다. 식욕이 없어지고 의욕도 없어진다. 물건을 자주 잃어 버린다. 자신의 어이없는 행동을 변명하려 한다. 주위 사람들이 '좀 이상한데'하는 정도의 느낌을 갖게 된다. 중기 단계는 시간이나 장소를 가늠하지 못한다. 여름인데도 겨울 잠바를 꺼내 입는다. 친한 사람도 못 알아보는 등 판단장애가 시작된다. 지능이 놀라울 정도로 떨어진다. 옛날 일은 모두 잊어 버린다. 혼자서 밥도 못먹고 목욕도 못한다. 밤중에 거리를 떠돌아다닌다. 말기 단계는 기억이 완전히 없어진다. 판단력을 잃고 언어생활도 불가능해 진다. 거울에 비치는 자기 얼굴을 보고 누구냐고 묻는다. 알츠하이머에 걸린 사람은 빠르면 2~3년, 늦어도 7~8 년 후에 죽기 일쑤다. 건망증은 누구에게나 일어날 수 있지만 정도가 아주 심해지면 의사의 진단을 받아야 한다.

성별로 보면 남자보다 여자가 2배나 많다. 우리나라에서는 남자보다 여자가 근 5배나 많다. 여자가 오래 살아 노인수가 더 많은 이유도 있으나 남자 보다 여자가 스트레스를 더 받기 때문이라는 설도 있다.

최근 우리나라에 미세먼지가 심각한데 초미세먼지가 뇌졸중, 치매, 우울증을 유발한다는 연구결과가 많이 나왔다. 서울대의대 홍윤철 교수는 폐로 들어간 초미세먼지가 혈관을 타고 뇌에 들어가고 코를 통해서도 후각신경구나 상피세포를 거쳐 혈관을 통해 뇌에 이르러 치매를 유발한다고 밝혔다.

의사들은 치매는 예방이나 치료가 가능하다고 주장한다. 그러나 결정적인 치매 치료제는 없는 것으로 알려졌다. 치매에 걸리지 않으려면 첫째 술, 담배를 안해야 한다. 술, 담배는 치매가능성을 3배나 높인다. 흡연 기간이 40년 이상인 사람은 4.6배나 된다. 가족중 치매를 앓았던 사람이 있는 경우는 그렇지 않은 사람에 비해 근 5배나 된다. 또 정규 교육을 받지 못한 사람은 받은 사람에 비해 알츠하이머는 발병 위험이 4배, 혈관성 치매는 12.4 배나 높은 것으로 나타났다.

쳇바퀴 인생도 정년 후 치매에 걸리기 쉽다. 융통성 없이 시계추와 같은 생활을 하는 사람은 치매에 걸리기 쉽다. 정년까지 회사를 쉰 적도 없고 지각도 하지 않고 정확한 시계추처럼 쳇바퀴 같은 인생을 살아온 사람은 위험하다. 독불장군 역시 위험하다. 자기만 아는 사람은 치매에 걸릴 위험요인이 높은 반면 명랑한 성격을 갖고 밝게 사는 사람은 대부분 치매에 걸리지 않는다. 큰 소리로 너털웃음 웃으면 치매가 예방된다고 한다. 슬프건 기쁘건 자기의 기분을 솔직하게 표현하는 사람도 치매에 걸리지 않는다. 자기 기분을 표현하지 못하거나 무슨 생각을 하고 있는지 알 수 없는 사람, 다른 사람과 사이좋게 지내지 못하는 사람은 위험하다. 사교적인 사람 역시 치매에 걸리지 않는다.

사람을 사귀지 않고 닫힌 방에 스스로를 가두어 두면 위험하다.

손가락을 사용하는 직업을 가진 사람은 치매에 걸리지 않는다는 말이 있다. 화가나 음악가들 가운데 90세가 넘어도 활발히 활동하는 예술가가 많다. 활발한 이성교제도 치매를 막는다. 늙어서도 이성 관계에 흥미를 갖고 있는 사람은 치매에 걸리지 않는다고 한다. 늙어서도 연애를 하면 그것이 젊음을 유지하는 좋은 자극이 된다. 연애는 호르몬 분비를 촉진시켜 활기찬 성격을 만든다.

취미생활을 하는 것이 중요하다. 인생을 더 즐길 수 있는 취미를 갖고 있는 사람은 별로 치매에 걸리지 않는다. 취미, 스포츠, 공부, 사교생활등 어떤 것이든 좋다. 아침에 일어나 그날의 일정이 꽉차있는 사람에게는 치매가 찾아오지 않는다.

기억력 감퇴를 막기 위해 발음은 같고 뜻이 다른 말을 연상하는 방법을 이용하기도 한다. 가령 '배'라는 말이 있으면 '타는 배', '먹는 배', '사람의 배'를 떠올린다. 또 매사를 반복해서 기억하려고 노력하고 메모하는 습관을 갖는다. 메모하면 약속을 잊어버리는 횟수가 적다. 메모가 기억력 감퇴를 막아준다. 그리고 건망증이 심해도 기죽지 않아야 한다. 기억력이 떨어졌다고 절망하는 사람이 있는데 그렇게 비관하는 사람은 우울증이 되기 쉽다.

동아일보 동우회보 제64호 2019년 1월 24일

미세먼지는 인간 기대수명을 1.8년씩 단축

미세 먼지는 이제 가장 위험한 환경 재해로 꼽힌다. 세계보건기구는 연간 700만명이 미세먼지 때문에 기대 수명보다 일찍 숨진다고 발표했다. 미국 시카고대 연구소가 발표한 '대기질 수명(壽命)지수' 보고서에 따르면 미세 먼지는 전 세계 인구 1명당 기대 수명을 1.8년씩 단축시킨다는 것이다. 일정 농도(공기 1㎥당 10㎍) 이상의 초미세 먼지가 세계 인구 전체 수명에 미치는 영향을 분석한 결과다. 같은 방식으로 분석해보니 흡연은 1.6년, 음주와 약물 중독은 11개월, 에이즈는 4개월씩 수명이 단축되는 것으로 나타났다. 미세 먼지가 술·담배나 에이즈보다도 해롭다는 것이다.

전문가들은 미세먼지는 온몸에 해롭다고 지적한다. 종전엔 흙먼지 수준이었지만, 지금은 각종 중금속과 발암 물질이 뒤섞여있고 독성도 더욱 강해졌다. 미세 먼지는 보통 코와 입으로 호흡할 때 공기와 함께 몸속으로 들어오는데 입자 크기가 워낙 작아 코 점막에서 걸러지지 않고 폐포(肺胞·기도 끝에 달린 작은 공기주머니)까지 침투한다. 폐포까지 들어온 미세 먼지는 모세혈관을 통해 온몸의 혈관으로 퍼져 신체 모든 장기와 세포로 퍼져 나간다. 초미세 먼지 농도가 '매우 나쁨'일 때 1시간 야외 활동을 하면 담배 연기를 1시간 20분, 2000cc 기준 디젤차 매연을 3시간 40분 들이마신 것과 같다는 연구도 있다.

미세먼지가 호흡기 질환이나 피부노화, 심지어 정신질환까지 유발할 수 있다는 연구결과가 속속 발표되면서 미세먼지에 대한 공포가 확산되고 있다. 순천향대 부천병원 호흡기내과 연구팀에 따르면 미세먼지에 장기간 노출될 경우 면역세포인 림프구 등이 증가해 염증을 일으키기도 하고 과민 반응과 기도 염증이 유발돼 결국 천식이나 폐섬유증 같은 호흡기 질환이 발생한다는 것이다. 특히 꽃가루 알레르기나 천식, 아토피 피부염 등 면역반응에 의한 질환이 있는 사람에게는 미세 먼지가 병을 악화시키는 촉매작용을 한다. 충북대병원 소아청소년과와 호흡기질환센터에 따르면 미세먼지 농도가 겨울철에 훨씬 높지만 알레르기 비염 증상 유병률은 봄철이 훨씬 높다. 봄에 꽃가루가 많이 날리면서 미세먼지와 상승효과를 내기 때문이다.

정신질환과 피부노화에도 초미세먼지가 직접적으로 영향을 미친다는 연구결과도 주목을 끈다. 삼성서울병원 피부과 연구팀은 피부질환이 없는 사람 188명을 대상으로 초미세먼지에 14일간 노출하는 실험을 한 결과 많이 노출될수록 피부가 노화한다는 연구 결과를 유럽피부과학회지에 발표했다. 초미세먼지가 모공을 통해 피부속으로 침투하면서 세포를 공격해 노화를 유발한다는 것이다.

서울대 보건대학원과 분당서울대병원 연구팀은 초미세먼지에 자주 노출되면 정신질환 발병률이 높아진다는 연구결과를 국제학술지 '환경연구'에 공표했다. 초미세먼지가 증가하면 정신질환으로 입원하는 환자수가 증가한다는 것이다. 최근엔 중금속인 비나듐이 전두엽에 축적될 수 있다는 연구결과가 나오면서 미세먼지속 중금속이 치매 등을 일으킬 가능성이 대두되고 혈전 등으로 망막 혈관이 막혀 시력이 저하될 수도 있으며 호흡기질환과 폐렴, 호흡기를 통한 감염질환, 심할 경우 폐암까지 일으킬 수도 있다는 것. 또 미세먼지가 혈소판 생성을 억제해 혈전을 만들 수 있다는 점이 제기되면서 부정맥이나 심근경색, 협심증, 고혈압 등 심혈관질환에도 영향을 미칠 수 있다는 것이다.

미세 먼지가 두피에 내려앉으면 모공에 염증을 일으켜 탈모를 유발하고 눈에 들어가면 알레르기성 결막염을 일으키며 코에 들어가면 알레르기성 비염을 일으킨다. 진짜 위험해지는건 체내에 들어가서다. 코로 들어간 미세 먼지는 직접 또는 혈관을 타고 뇌까지 올라가 뇌졸중이나 치매를 유발한다는 연구 결과도 계속 나오고 있다. 폐로 들어가면 폐 손상을 일으켜 심하면 폐암을 유발하기도 한다. 또 혈관을 타고 돌아다니면서 부정맥이나 심근경색을 일으키기도 한다.

미세 먼지는 아이들에게 더 치명적이다. 성인보다 면역력이 약할 뿐 아니라 활동량과 호흡량이 많은 만큼 미세 먼지에 노출되는 빈도가 높고 흡입량도 많기 때문이다. 미세 먼지가 많은 환경에서 자란 아동은 그렇지 않은 지역의 아동보다 왜소한 것으로 나타났다.

문재인 대통령은 대선 후보 때 "정부 정책 역량과 외교 역량을 모두 투입해 푸른 대한민국을 만들겠다"며 '미세먼지 30% 감축'을 공약했다. 그러나 2019년 3월 7일 수도권에 1주일 연속 미세먼지 비상 저감조치가 내려질 만큼 우리나라 고농도 미세먼지는 극도로 심각한 상태다. 정부에는 엄청난 재난의 미세먼지를 줄일 실효성있는 정책이 없다. 고작 노후 경유차 폐차나 야외에 공기정화기를 달겠다는 정도다. 문대통령이 내놓은 '한·중(韓中) 공동 인공강우 실시' 제안이 뒤늦게 나왔다. 그러나 중국측은 이 제안에 대한 대답은 없이 "우리 책임이라는 근거가 있느냐"고 반문했다. 한·중 공조는커녕 '중국 책임론'자체를 부인했다. 미세 먼지 악화에 중국이 큰 영향을 미쳤다는 과학적 연구가 쏟아져 나왔는데도 정부는 이를 외면하고 있다. 결국 국민 각자가 알아서 대처할 수밖에 없다.

미세먼지에 대처하는 방법은 외출 후 귀가하자마자 겉옷을 털어야 한다. 신발이나 옷에 붙어있던 먼지가 바닥에 떨어지면서 호흡기로 침투하므로 이 점도 명심해야한다. 얼굴은 미세먼지에 가장 많이 노출된다. 손을 먼저 깨끗하게 씻은 뒤 꼼꼼하게 세수한다.

세수하면서 눈도 씻어내야 한다. 미세먼지는 눈물샘을 막아 안구건조증을 일으킨다. 초미세먼지를 제대로 씻어내지 않으면 눈을 깜박일 때마다 눈알에 상처가 날 수 있다. 미세먼지가 심한 날에는 코에 누런 콧물이 생기므로 정기적으로 코도 씻어야 한다. 약국에서 코세수용 용기와 식염수 분말을 구입해 용기에 물과 식염수분말을 잘 섞어 사용한다. 특히 아이들에게 코세수를 해주는 것이 좋다. 미세먼지는 숨쉴 때마다 코로 들어오기 때문에 입안이 건조해진다. 외출 후에는 물로 가볍게 목 가글링을 해주면 좋다. 목 가글링은 호흡기 질환 예방에도 좋다.

마스크는 올바르게 착용해야 한다. 방한용이 아닌 보건용 마스크를 착용해야 한다. 식품의약품안전처 인증을 받은 보건용 마스크에는 'KF80' 'KF94' 'KF99' 표기가 있다. 숫자가 높을수록 더 작은 미세 먼지를 차단하지만 호흡이 힘들 수 있다. KF94가 적당하다.

귀나 뺨이 약간 불편하고 평소보다 숨쉬기가 힘들다는 느낌이 들어야 마스크를 제대로 쓴 것이다. 화장이 지워질까 봐 느슨하게 착용하면 미세먼지 차단 효과가 급격히 떨어진다. 마스크를 잘 관리한다면 하루 정도는 계속 사용해도 된다. 마스크가 물에 젖거나 표면이 더러워졌다면 하루가 지나지 않았어도 버려야한다. 마스크는 빨아서 다시 사용하면 안 된다.

미세먼지로 인한 호흡기 질환 치료에는 담장이덩쿨 아이비엽과 황련(黃連)이 상당한 효험이 있다.

동아일보 동우회보 제65호 2019년 3월 22일

노안 보호위해 썬글라스 끼자

평소 눈이 좋은 편이라 여기고 지내 왔는데 오른쪽 시력이 떨어지고 글자가 이중으로 보이는 등 불편함이 심해져 백내장이 왔구나 하고 안과를 찾았다. 반포동 서래마을 동네안과에서 현미경 검사로 결막, 각막, 수정체 등을 체크하더니 역시 백내장이라고 진단했다. 먼 곳을 왔다 갔다 하는 것이 번거롭기도 하지만 찾아간 동네 안과 의사에 신뢰감이 느껴져 여기에서 치료하기로 했다.

백내장은 선천성과 후천성으로 나뉜다. 후천성 백내장은 나이가 들면서 나타나는 대표적인 안과질환이다. 때로는 외상이나 아토피 피부염 같은 다른 질병이 원인이 되기도 하고 다른 질환으로 복용하는 약들이 백내장을 유발할 수도 있다. 특히 관절염 스테로이드약, 정신건강의학 분야와 심장 계통의 약이 그렇다. 백내장 증세는 시력이 떨어지는게 대표적이다. 나이가 들면서 이런 증세가 나타나면 백내장을 의심해 봐야 한다. 잘못되면 실명으로 이어질 수도 있다. 노안이려니

하고 방치해서는 안 된다.

백내장 수술은 뿌연 수정체를 제거하고 인공 수정체를 삽입하는 것. 최근에는 대부분 20~30분 내에 끝난다. 예민한 편인 필자는 수술 받을 때 상당히 힘들었다. 눈알에 칼을 댄다는 것과 그로 인한 통증이 걱정이었지만 수술중에 통증은 없었다. 단지 눈이 까진 채 강렬한 백열등에 노출되어 수술이 진행되는 중에 꼼작 못하면서 참고 기다리는 것이 힘들었다. 수술 뒤엔 바로 귀가했다. 귀가하면서 절대로 손수 운전하지 말라고 한다. 의사가 시키는 대로 눈약을 계속 넣고 잠도 안대를 한 채 자는 것도 불편했다. 또 책이나 신문도 보지 말고 TV나 컴퓨터도 보지 말라고 한다. 읽지도 않고 보지도 않는 것, 평생 해왔던 것을 2~3일 동안 아무것도 하지 않고 머리도 감지 못하면서 기다리는 것이 너무나 불편했다. 나중에 의사가 TV를 조금만 보라고 해서 컴퓨터바둑을 시작했는데 중단할 수가 없어 3~4시간 계속했다가 치료가 조금 늦어진 것 같기도 하다.

백내장 예방의 가장 중요한 방법은 눈을 보호하는 것이다. 자외선을 차단하기 위해 가능하면 썬글라스를 끼고 외출해야 한다. 미세먼지에 노출된 뒤에는 얼굴을 깨끗이 씻고 안구 건조증을 막기 위해 습도도 조절하는 것이 좋다. 물론 금연은 필수다. 백내장과 녹내장은 완전히 다르다. 백내장은 빨리 발견해서 수술 받으면 금세 좋아지지만 녹내장은 완치가 불가능하다. 방치하면 실명할 수도 있다. 녹내장, 황반변성, 당뇨망막병증을 3대 실명질환이라 부른다. 3대 질환에 가장 치명적인 위험 요소는 역시 흡연이다. 사람의 몸이 10냥(兩)이라면 눈이 9냥이라 고 한다. 그만큼 눈이 중요하다는 비유다. 그토록 소중한 시력을 백방으로 해로운 끽연과 바꿀 것인가.

녹내장은 시신경이 손상돼 시야가 좁아지는데 40대 이상 중년 50명 중 1명꼴로 걸린다. 증세가 전혀 나타나지 않아 녹내장에 걸렸는데도 방치하는 경향이 있다. 시야가 상당히 좁아졌다고 느껴지면 병이 이미 진행되고 있는 것이다. 일반적으로 안압이 높으면 발생할 확률이 높다. 안압이 정상범위(10~21mmHg)를 넘어섰다면 안과에서 검사를 받는게 좋다. 안저 검사를 통해 녹내장 여부를 확인할 수 있다. 녹내장으로 확진되면 하루 1~2회 안압을 떨어뜨리는 약물을 눈에 넣어야 한다. 다른 치료법은 별로 없다. 안압을 낮춰 시신경을 최대한 보존해야한다. 안압이 떨어지지 않으면 수술을 통해 안압을 낮춰야 한다.

황반변성은 황반이란 조직에 변성(變性)이 일어나 시력 장애를 일으키 는 병. 시세포 대부분이 황반에 모여 있어 이곳에 손상이 생기면 시력을 잃을 수 있다. 시력이 떨어지는 증세가 나타나면 검사를 받아 보아야 한다. 당뇨망막병증은 당뇨병의 합병증으로 생기는 병. 녹내장과 마찬가지로 조기 발견이 가장 중요하다.

옛말에 노인이 되면 '곡(哭) 할 때는 눈물이 없고 웃을 때는 눈물이 난다'라 는 말이 있다. 나이 들면서 모두들 이런현상에 직면하게 된다. 눈물이 생기면 눈 주변의 근육이 움직여 코 뒤쪽의 '눈물길'을 통해 흘려보내는데 나이가 들면 이길이 종종 막혀 눈에 고인 눈물이 눈 밖으로 흘러나온다.

눈을 자주 깜빡이거나 가끔 통증이 나타나는 것도 노안의 증세다. 피로나 스트레스, 안구건조 등이 복합적으로 나타나는 것이다. 일단 인공눈물을 지속적으로 넣어 주는 게 좋다. 인공눈물은 하루 4회 정도가 적당하다. 노인들이 스스로 멋대로 처방을 내려 인공 눈물만 넣다가 각막 손상으로 고생하는 사람들이 의외로 많다. 인공눈물을 넣어도 눈 상태가 개선되지 않는다면 검사를 받아볼 필요가 있다. 눈 깜빡임도 방치하면 얼굴 전체로 확산되거나 안검경련이라는 병으로 악화할 수 있다. 증세가 반복되면 역시 검사가 필요하다.

최근 일부 안과 전문병원을 표방하는 의료기관에서 노안 수술을 홍보하고 있다. 수술을 받으면 과연 노안이 사라질 것인가. 한마디로 근본적인 해법은 되지 않는다. 보통 노안 교정 수술은 레이저로 각막의 형태를 변화시키는 방법, 각막내에 보형물을 삽입하는 방법, 다초점 인공수정체를 삽입하는 방법 등이 있다. 그러나 이 경우 상당한 부작용이 따른다. 노안의 원인인 수정체와 섬모체근(纖毛體筋)의 조절력이 약화되는 것을 해결할 수 없기 때문이다.

레이저 시술의 경우 곧 원래 상태로 되돌아간다. 보형물은 각막혼

탁을 일으킨다는 보고가 많아 현재는 거의 사용하지 않는다. 다초점 인공수정체 삽입은 백내장이 있는 환자를 상대로 수술할 때 동시에 진행시키는데 이 경우도 근거리 시력은 향상되지만 원거리 시력은 큰 변화가 없다. 약간의 빛 번짐, 눈부심 등의 부작용이 있다.

이을안과 한상윤 원장은 가능한한 수술로 해결하려 하지 말고 안경을 이용해 노안을 교정할 것을 권한다. 안과 검사를 통해 본인의 눈에 맞는 돋보기나 다초점 안경을 맞추어 착용하는 것이 좋다고 말한다. 2년마다 정기적으로 검사를 하고 그 결과에 따라 안경을 바꾸는 것이 좋다. 대한안과학회에서 마련한 눈 건강을 위한 9대 생활수칙을 보면 ① 40세 이상 성인은 정기적으로 눈 검사를 받는다. ② 성인의 눈 건강에 위협이 되는 당뇨병과 고혈압, 고지혈증을 꾸준히 치료한다. ③ 콘택트렌즈를 착용할 때 안과 의사와 상담한다. ④ 담배를 끊는다. ⑤ 외출 할 때 자외선 차단 썬글라스와 모자를 착용한다. ⑥ 실내온도와 습도를 적절히 조정하고 장시간의 컴퓨터 사용을 자제한다. ⑦ 지나친 근거리 작업을 피하고 실내조명을 밝게 유지한다. ⑧ 작업과 운동 때 적절한 안전보호 장구를 착용한다. ⑨ 어린이의 경우 약시를 조기에 발견하기 위해 만 4세 이전에 시력검사를 받는다.

동아일보 동우회보 제66호 2019년 5월 24일

건강하게 오래 살려면 종아리를 주물러라

몸과 마음이 건강하고 잠도 잘 자는 사람의 종아리는 따뜻하고 부드럽고 탄력이 있다. 반대로 '종아리가 손바닥보다 차갑다', '딱딱하게 굳어있다', '부어 있다', '안쪽에 멍울 같은 것이 만져진다.', '손가락으로 누르면 흔적이 쉽게 사라지지 않는다.' 이런 사람은 신체 어딘가에 이상이 있거나 스트레스가 많이 쌓여있는 상태다. 그런 사람은 종아리 전체를 약 3분 정도 문질러보자. 발끝이 따뜻해지고 등이 서서히 따뜻해지는 것을 느끼게 된다. 종아리를 주무르기만 해도 건강 상태가 호전되고 몸이 따뜻해짐을 느끼는 이유는 무엇일까? 그것은 종아리 근육의 기능 덕분에 혈액이 온몸을 원활하게 돌기 때문이다.

우리 몸의 혈액은 중력으로 인해 70%가량이 하체에 집중되어있다. 종아리는 위에서 내려오는 혈액을 받아 중력을 거슬러 쉼 없이 심장으로 되돌려 보내는 펌프작용을 한다. 그래서 종아리는 '제2의 심장'이라 불리는 중요한 근육 기관이다. 종아리의 펌프 기능이 약해지면 혈액은 다리에 고여 제대로 위로 올라가지 못한다. 이런 상태가 우리 몸을 얼마나 큰 위험에 빠트리는지 잘 알 수 있게 하는 것이 '이코노미클래스 증후군(Economy Class Syndrome)' 즉 '혈행혈전증' 혹은 '심부정맥혈전증'이라 불리는 증상이다. 비행기나 자동차의 좁은 좌석에 같은 자세로 오래 앉아있으면 혈류가 정체되어 무릎 안쪽 등의 정맥에 작은 핏덩어리인 혈전이 생길 수 있다. 그 상태에서 갑자기 일어섰을 때 이 핏덩어리가 솟구쳐 올라가 혈관을 막아버리는 병이 이코노미클래스 증후군이다. 이 질병은 일본 나리타공항에서만도 매년 약 150건이나 발생했다. 그 가운데 몇 명은 목숨을 잃었다.

종아리가 약해졌을 때 발생하는 폐해는 그뿐만이 아니다. 집에서나 회사에서 한 자세로 오래 앉아있거나, 운동이 부족하거나, 반대로 운동을 지나치게 하면 종아리 근육이 쉽게 피로하게 된다. 냉방 시설에서 오래지내는 등 냉증에 걸리기 쉬운 생활을 지속해도 종아리 근육 기능이 떨어진다. 그랬을 경우 혈전이 쉽게 생기고 혈관 기능도 쇠퇴해져 뇌경색이나 심장병을 유발하기도 한다. 요즘 평소 체온이 36도를 밑도는 저체온 상태가 남녀노소를 막론하고 증가하고 있다. 냉증은 만병의 근원이다. 체온이 1도 내려가면 면역력은 30% 이상, 기초대사도 10% 이상 떨어진다.

냉증의 근본 원인은 혈류 정체에서 비롯된다. 혈액이 원활하게 흐르지 못하면 혈액이 온몸 구석구석까지 이르지 못해 몸이 차가워진다. 그로 인해 위장, 심장, 신장 등이 원활하게 활동하지 못해 면역력이 떨어진다. 그러면 감기에 쉽게 걸리고 암세포가 활발하게 활동한다. 또 지방과 노폐물이 쌓여 잘 붓거나 살이 쉽게 찌기도 한다. 몸의 이곳저곳에 이상이 생기면서 피부는 탄력이 없어지고 머리카락도 푸석푸석해진다. 혈류를 원활하게 하고 몸을 따뜻하게 하려면 종아리를 정성껏 마사지해주면 된다.

종아리 마사지요법을 발견한 사람은 외과 의사인 고(故) 이시카와 요이치박사다. 링거액이 잘 흡수되지 않는 환자가 있었는데 종아리가 이상하게 차가워서 마사지를 해주었더니 종아리가 따뜻해지면서 정맥주사가 잘 들어가는 것을 보고 '이런 식으로 혈류를 개선하면 모든 질병을 막을 수 있겠다'는 깨달음을 얻었다. 그 길로 매스를 내려놓고 종아리마사지요법으로 오직 한길을 걸으며 많은 치료실적을 남겨놓았다. 이시카와 박사로부터 종아리 마사지요법을 전수받아 보급 활동을 펴고 있는 마키 다카코의 저서 〈건강하게 오래 살려면 종아리를 주물러라〉를 보면 종아리를 주무르면 냉증과 변비가 사라지고 오랫동안 앓아온 허리통증이 없어지며 암 종양 수치가 내려가고 살이 빠지면서 피부에 윤기가 생긴다고 한다. 또 잠 투정이 심하던 아기가 마사지 2분 만에 쌔근쌔근 잠이 든 예도 있다.

마키씨는 '만약 당신이 고혈압이고 가정용 혈압계를 갖고 있다면 지금 바로 테스트해 보라'고 권한다. 먼저 혈압을 재본다. 그런 다음

두 종아리를 각각 5분씩 마사지하되 약간은 아프지만 기분 좋을 정도로 주무른다. 마사지가 끝나면 미지근한 물 한 잔을 씹듯이 천천히 마신다. 그리고 다시 혈압을 재본다. 최고혈압이 160(mmHg) 이상인 고혈압 환자 10명을 대상으로 테스트한 결과 10분간 마사지한 후 그중 8명이 혈압 수치가 평균 10(mmHg)이나 내려갔고, 두 종아리를 단 1분씩만 주물렀는데도 절반 이상이 혈압이 약간씩 내려갔다. 그 밖에도 '지병이던 어깨 결림이 한결 편안해졌다', '오랜만에 푹 잘 수 있었다', '아침에 일어나자마자 쾌변을 했다' 등의 좋은 효과를 체감한 사람이 많았다.

혈액은 인체의 60조개나 되는 세포에 산소와 영양소를 공급하고 필요 없는 노폐물은 회수하는 역할을 한다. 피가 잘 돌지 않는 몸은 차가워지고 노화가 빨리 진행된다. 혈류가 멈춘다는 것은 곧 '죽음'을 의미한다. 지속되는 스트레스, 컴퓨터나 TV 앞에서 긴 시간 앉아있는 생활, 불면증과 수면 부족, 무리한 다이어트, 차가운 음료와 음식, 소염진통제 혈압강하제 스테로이드 항암제 향정신성 등의 많은 화학약품을 섭취하는 것은 혈액을 정체시키는 원인이 된다. 신진대사가 제대로 이루어지지 않으면 몸이 붓고 기미가 끼거나 치매 증상까지 찾아오는 등 노화가 빨리 진행되는데 이 모든 것이 '혈류 장애, 냉증 신드롬'이라 할 수 있다. 이런 증상들로부터 우리 몸을 구원해주는 것이 바로 종아리 마사지다.

우리는 평소 집이나 사무실 등에서 의자에 자주 앉아있는데 의자에서 하는 1분간의 종아리 마사지는 순식간에 혈류를 좋게 한다. 컴퓨터나 TV 앞, 또는 자동차 안에서 같은 자세로 오래 앉아있는 시간이 긴 현대인은 몸이 필연적으로 차가워질 수밖에 없다. 의자에 앉아있을 때 한쪽 다리에 30초씩 모두 1분 정도만 주무르면 충분하다. 하루에 몇 번 반복해주면 더욱 좋다. 마사지하고 나면 저절로 기분도 좋아지고 건강에 좋은 습관이 되어 날로 몸이 건강해짐을 느끼게 된다.

누구나 한두 번은 종아리나 발바닥에 갑자기 쥐가 나서 아팠던 적이 있을 것이다. 밤에 막 잠들려고 할 때, 혹은 새벽녘에 무심코 다리를 쭉 뻗는데 갑자기 다리에 쥐가 나서 나도 모르게 비명을 지르게된다. 쥐가 잘 나는 것은 건강이 좋지 않다는 증거다. 우리 몸의 이상을 알려주는 신호다. 쥐가 나는 원인은 대개는 근육 피로, 급격한 운동, 과다한 스트레스, 수분과 미네랄, 비타민 부족, 과음 등에서 비롯된다. 당뇨병과 동맥경화, 간경변증, 정맥류 등의 질병과 심장병, 고혈압 치료제의 부작용으로 쥐가 나기도 한다. 자주 쥐가 나고 통증이 심하면 내과나 정형외과에서 진찰받아 보아야 한다.

종아리에 쥐가 났을 때 대처하는 방법은 종아리 근육을 천천히 늘여주는 것이다. 다리를 쭉 펴고 한 손으로 무릎을 누르면서 다른 손으로는 발끝을 천천히 얼굴 쪽으로 구부려 종아리 근육을 쭉 늘여준다. 잠자리에서 당겨질 경우는 가까이에 벽이 있으면 그대로 발바닥으로 벽이나 바닥을 강하게 누른다. 가까이 있는 사람에게 발바닥을 지압해달라고 부탁한다.

한편 종아리를 날씬하게 하는 방법은 '까치발 서기'와 '까치발 걷기'다. 산책 중에도 생각이 날 때마다 까치발로 걷는다.

동아일보 동우회보 제67호 2019년 7월 26일

계란 하루 2, 3개로 118세 장수한 할머니

1899년 태어나 2017년에 별세한 엠마 모라노 할머니는 118세를 산 이탈리아의 최장수 노인이다. 1800년대에 태어나, 그러니까 19세기 출생자로서 21세기까지 생존한 유일한 최고령 장수할머니다.

모라노 할머니는 이탈리아 북부 피에몬테주 베르바니아의 자택에서 117번째 생일을 맞아 두 조카와 간병인, 주치의 등과 함께 조촐한 생일 파티를 열었다. 모라노 할머니는 사진을 찍기 전 "내 머리가 괜찮아 보이냐"고 묻고 생일 케이크 촛불도 직접 껐다. 이날 세르조 마타렐라 이탈리아 대통령은 '건강과 평안을 빈다'는 축전을 보냈다.

할머니는 치아가 다 빠졌고 시력과 청력도 거의 상실했지만 정신은 또렷했다. 장수 비결에 대해 이 할머니는 "매일 계란을 3개씩 먹었다"고 밝혔다. 할머니는 일찍 이혼하고 홀로 살았다. 소량의 저민 생고기와 파스타를 즐겨 먹었는데 10대 때 빈혈로 병원을 찾았을 때 의사가 생계란을 먹으라고 권장한 것이 계기가 돼 1세기가 넘게 줄곧 생계란을 먹었다. 할머니는 매일 계란을 두개는 날로, 한개는 요리해서 먹었다.

나이가 들면 수입이 줄고 사회적으로 고립되기 쉽다. 햇볕도 덜 쬐는데다 식욕이 떨어지며 치아도, 소화도 부실하다. 노년기에 들어 음식을 섭취하는데 좋지않은 영향을 미치는 것이 한둘이 아니다. 고령기에는 음식을 구입하기 위해 마트에 가는 것조차 힘들어 진다. 이런 고충을 한번에 해결해주는 것이 계란이다.

계란은 오메가3, 콜린, 레시틴, 비타민A, B, D, E, 셀레늄, 아연, 루테인, 제아잔틴 등 각종 웰빙 성분이 풍부한 식품이다. 나이들면 인지능력이 떨어지고 치매발생 위험이 높아진다. DHA 등 오메가3 지방은 아주 효과적인 치매 예방성분인데 계란에 이런 성분들이 많이 들어 있다. 혈중 콜레스테롤 수치도 낮춰줘 심장병, 뇌졸중을 걱정하는 노년층 건강에 이롭다.

비타민A, 루테인, 제아잔틴은 눈 건강에 좋은 항산화성분으로 인지기능 저하를 늦춰주고 노화로 인한 시력감퇴, 실명위험을 낮춰준다는 연구결과도 있다. 셀레늄은 암 예방, 아연은 생식기능에 유효한 미네랄이다. 비타민D는 노인에게 특히 부족하기 쉬운 영양소로 칼슘의 체내 흡수를 도와 흔한 골다공증과 뼈 건강에 도움을 준다. 비타민D는 나이가 들수록 더 많이 섭취해야 한다.

계란에는 레시틴과 비타민E가 풍부하다. 레시틴은 뇌 건강에 도움을 주고 비타민E는 오래도록 젊음을 유지시켜주는 '노화방지 비타민', '회춘 비타민'으로 통한다. 여기에 비타민C를 함께 섭취하면 노화 억제 효과가 배가 된다. 계란 먹을 때 딸기 레몬 등 비타민C가 풍부한 식품을 함께 섭취하는 것도 그 때문이다. 채소와 함께 먹으면 계란에 없는 식이섬유까지 보충하게 돼 효과적이다.

대부분의 건강한 성인들은 계란 섭취를 제한할 필요가 없다. 유전자 결함으로 인한 고(高)콜레스테롤 혈증 유전병이 있는 경우에만 유의하면 된다. 계란 흰자에서 노른자를 분리해 버리는 사람이 많은데 그럴 이유가 전혀없다. 노른자의 지방산은 올리브유와 같은 불포화지방산이어서 건강에 이롭다. 또 뼈에 도움이 되는 지용성(脂溶性) 비타민인 비타민 D도 풍부해 노른자를 버리는 것은 계란 영양분의 대부분을 폐기해버리는 어리석은 짓이다.

비만이나 콜레스테롤 문제가 있는 경우 특히 노인들이 계란 섭취를 꺼린다. 그러나 걱정할 필요가 없다. 계란 섭취와 혈중 콜레스테롤 수치는 관련이 없다는 연구결과가 훨씬 많다. 세계보건기구와 미국심장학회에서도 계란 섭취량과 콜레스테롤 수치는 상관이 없다고 공식발표했다. 콜레스테롤의 75%는 간에서 자체 생산되고 나머지 25%만 고기, 우유, 계란 등 각종 동물성 식품을 통해 섭취된다.

계란이 심장병에 좋지 않다는 이야기도 있다. 그러나 계란과 심장병 위험간의 인과관계는 과학적으로 증명된 것이 없다. 캐나다 메머리얼대학의 스콧하딩박사(영양생화학)는 계란을 많이 먹어서 그런 것이 아니라 다른 음식까지 많이 먹어서 문제가 생기는 것이라고 지적했다. 가령 계란을 베이컨, 소시지, 햄버거 등 기름기 많은 고기 제품과 함께 먹으면서 계란의 심혈관 질병 위험 영향을 따로 구분해서 강조하는것은 안 된다는 것이다.

베이컨을 곁들인 계란 프라이와 호밀 빵과 함께 먹는 삶은 계란이 같을 수는 없다는 얘기다. 계란은 몸에 안 좋은 저밀도 지질 단백질 콜레스테롤이 아니라 건강에 좋은 고밀도 지질 단백질 콜레스테롤을 높여준다. 끼니가 부실하기 쉬운 노인에게는 계란은 아주 훌륭한 식품이다.

계란은 우유와 함께 완전식품이다. 병아리가 부화하는데 필요한 각종 영양소가 완벽하게 들어있다. 식이섬유외의 거의 모든 영양소가 들어있다. 특히 필수 아미노산이 고루 들어있으며 단백질의 질도 아주 양호하다.

각 식품에 함유된 단백질의 질을 평가하는 잣대가 생물가(生物價)다. 계란의 생물가는 가장 이상적인 100인데 우유 85, 생선 76, 쇠고기 74, 콩 49정도다. 계란은 흡수도 잘돼 특히 노인에겐 보약과 같다. 반숙의 흡수율은 96%에 달한다. 영양이 골고루 들어있어 끼니를 거르거나 부실하게 먹기 쉬운 노인들에게 아주 좋다. 가격도 싸고 쉽게 조리할 수 있으며 식감도 부드럽다. 노인이 계란과 함께 통곡, 과일, 채소, 생선, 저지방 유제품을 즐겨 먹는다면 100점 만점의 식생활이 된다.

전북 진안에 플란다스파크 농장이 있다. 해발 400m 천혜의 청정지역 진안고원에 자리 잡고 있다. 이곳에서 울타리 없이 사계절 방사해서 키우는 재래토종닭인 홍복계가 낳은 유정란, 산란 당일에 보내오는 신선한 우량식품이다. 이 토종닭은 쫓기면 비둘기처럼 나무위로 날아오른다.

103세 철학자 김형석교수께서 이 유정란을 빼놓지 않고 드신다기에 필자도 먹기 시작했다. 따뜻한 잡곡밥에 기름과 간장을 치고 이 유정란을 깨 넣어 비벼 먹는다. 느낌이 아주 좋다. 이외에 살짝 프라이한 수란으로도 먹는다.

그러나 가격이 비싸 중단하고 요즘엔 동네 마트에서 사온 계란프라이로 만족하고 있다.

동아일보 동우회보 제68호 2019년 9월 26일

하루 커피 2~3잔, 노화·사망률 낮춘다

커피를 어떤 방식으로 마시던 하루 2~3잔씩 꾸준히 마시면 고위험 질병을 예방하고 장수에 도움이 된다는 연구결과가 미국과 유럽에서 잇달아 발표됐다. 이는 남녀 구분 없이 모든 인종에 공통으로 나타났다.

LA타임스는 얼마전 미국 내과학회와 남가주대(USC) 의과대학이 미국인 18만 5855명을 대상으로 커피 음용 습관을 16년간 추적 조사한 결과를 보도했는데 커피를 하루 2~3잔 마시는 집단이 그렇지 않은 집단보다 더 건강하고 오래 사는 것으로 밝혀졌다.

조사 샘플 규모가 미국 내에서 최대수준인 18만명을 넘었고 조사기간도 16년 동안이나 돼 신뢰도가 높았다. 그렇다면 한국인은 건강과 장수 비결에서 상당히 선각자들이라 할 수 있다. 많은 한국인들이 커피 마시는 습관이 일상화 되어있다.

한국인은 1주일에 평균 9.31잔 을 마신다는 조사결과가 있다. 연령과 지역별로는 40대의 서울거주자가 1주일에 평균 10잔 이상을 마신다. 한국에서 가장 많이 팔린 커피는 커피믹스, 다음은 원두커피다.

커피는 일반적으로 세가지 방식으로 추출된다. 가장 많이 사용하는 방식은 '에스프레소' 추출 방식이다. 보통의 커피숍에서 일상적으로 마시는 아메리카노나 라떼 등을 만들 때 이용된다. '프렌치 프레스'방식은 분쇄한 커피 가루를 물에 잠기게 한 뒤 커피를 추출하는 침출(浸出)방식이다. '핸드드립' 방식은 뜨거운 물을 커피가루 위에 천천히 부어 커피를 추출하는 필터식 추출방식으로 은은한 향을 즐기고 싶을 때 이용한다. 이런 추출 방식에 따라 향, 맛, 카페인 양 등이 달라진다.

커피 추출 방식이나 카페인 함유 여부에 관계없이 거의 모든 커피(디 카페인 포함)가 질병 예방에 효과가 있는 것으로 나타났다. 우선 사망률부터 커피 음용 습관에 따라 차이를 보였다.

18만여명을 대상으로 한 이조사에 따르면 커피를 전혀 마시지 않는 집단은 하루에 2~3잔 마시는 집단보다 약 18%, 하루에 1잔 마시는 집단보다는 약 12%나 사망률이 높았다. 이 수치는 피실험자의 흡연 여부, 식단, 신체질량 지수(BMI) 등 신체에 영향을 끼치는 변수까지 고려해서 계산된 것이다. 심장병, 암, 뇌졸중, 당뇨병, 호흡기나 신장 질환 등 고위험 질병에 걸릴 확률도 커피를 많이 마실수록 감소하는 것으로 드러났다. 디카페인이나 카페인 커피 모두 질병 예방에 효과가 있는 것으로 나타났다. 커피 효능은 인종과도 무관하게 유효했다.

백인, 아프리카계 흑인, 아시안, 히스패닉 등 미국 내 주요 인종 집단 모두에서 커피를 자주 마시면 고위험 질병 발생 확률이 낮았다. 남가주대 예방의학 연구실의 베로니카 세티아완 교수는 "커피는 노화방지 성분을 많이 함유하고 있어 이를 자주 마시는 습관은 건강식습관중의 하나"라고 밝혔다.

최근 유럽에서도 국제암연구소(IARC)와 영국 임페리얼칼리지가 유럽10개국(덴마크·프랑스·독일·그리스· 이탈리아·네덜란드·노르웨이·스페인· 스웨덴·영국)의 52만1330명을 상대로 커피 섭취 습관에 관해 추적 조사했는데 이 역시 매일 여러잔의 커피를 마시면 사망률이 낮아진다는 분석 결과가 나왔다. 흡연 여부·식단 등의 변수를 고려했을 때 커피를 자주 마시는 집단은 그렇지 않은 집단보다 여성은 7%, 남성은 12%나 사망률이 낮은 것으로 나타났다.

얼마 전 CNN도 커피 마시는 사람이 그렇지 않은 사람보다 더 오래 산다고 보도했다. 남가주대 케크의료학교에서 2만명을 대상으로 연구한 결과, 하루에 커피 4잔을 마시는 사람이 아예 마시지 않는 사람보다 조기 사망할 위험성이 약 64% 적은 것으로 나타났다. 특히 45세 이상인 사람이 커피를 자주 마실 경우 사망률 감소 효과가 더욱 뚜렷하게 나타났다.

커피는 인슐린 감수성을 증가시키고 당뇨, 간 질환, 직장암, 치매, 피부암도 예방 할 수 있으며 간 기능 향상과 상관관계가 있고 만성 염증 반응도 감소된다는 것이다.

커피는 운동선수의 운동능력도 향상시키는 효과가 있다. 하루 3잔 이상의 커피는 심근경색을 예방할 수 있다는 연구결과도 있다. 하지만 과다한 커피 섭취는 맥박을 올려서 특히 부정맥이나 심혈관계 질환이 있는 경우 위험할 수도 있다. 또 카페인 다량 섭취는 위궤양 발생 위험이 있고 불면증, 불안감, 과민성 및 공황발작과도 관련이 있는 것으로 밝혀졌다.

커피 섭취량이 많을수록 골밀도가 낮아지고 여성의 경우 골절위험이 증가할 수도 있다는 보고도 있다. 특히 임신부는 카페인 섭취량을 조절해야 한다. 12온스 잔을 기준으로 커피 한잔에 카페인이 약 200mg 들어있는데 이 정도로는 유산과 조산에 직접적 영향을 미치지는 않지만 200mg 이상을 섭취할 경우 좋지 않은 결과가 나올 수 있다고 미국 산부인과 전문의협회의장 왁스박사(Joseph Wax)는 경고했다.

서울대 의대 강대희 교수도 커피를 권장하면서 전 세계 유수한 연구소에서 커피가 항암에도 효과가 있다는 조사가 이어지고 있다고 밝혔다.

CNN이 건강하게 커피 마시는 법을 제시했다. 첫째, 크림을 빼고 저지방 우유를 넣는다. 크림은 포화 지방이다. 둘째, 콜레스테롤 수치가 높은 사람은 필터 커피를 마셔야 한다. 필터를 거치지 않은 커피에는 콜레스테롤 수치를 높이는 성분이 있다. 셋째, 밤에 잠을 자지 못하면 커피를 마시지 않아야 한다.

필자는 하루 2잔 정도 커피를 마신다. 이따금 불면증이 나타나기도 해서 오후에는 가급적 마시지 않는다. 동맥경화증이 있는 필자는 커피음용 외에도 1주일에 2~3회 커피관장을 하고 있다. 15년째다. 앞서 혈액관련 분야에서 상세히 기술했으므로 관장의 효능과 관장방법에 관해 간단히 서술하고자 한다.

관장에 커피를 사용하게 되면 커피 속의 티오브로민, 카페인 성분이 문맥을 통해 곧바로 간으로 이동한다. 이 성분이 간의 전이요소를 자극하여 담관을 열리게 해주며 간 속에 활성화 되지 않은 담즙의 분출을 도와 우리 몸을 노화시키는 활성산소를 제거하는 강력한 해독제로 작용해 혈액이 맑아진다.

우리 몸의 장기중 대장은 온갖 해독을 온몸에 퍼지게 하는데 커피관장은 이를 억제해주고 통증까지 완화해준다. 그래서 진통제로 찌들어 심한 통증으로 시달리던 많은 말기 암 환자들이 이 치료로 소생하는 경우가 있다.

관장 자체가 기술(記述)하기가 좀 부적절하게 생각되어 거론을 기피해 왔으나 많은 동료들이 커피 관장법을 소개해달라고 요청해 그 사용법을 소개한다. 집에서 간단히 할 수 있기 때문에 비용도 들지 않는다. 관장방법은 링게르를 맞는 것과 비슷하다. 플라스틱 관장통에 인체 해독에 적합한 로스팅한 커피를 위주로 만든 청장액(한 봉지 5천원)과 미지근한 생수 500cc를 넣어 벽에 걸어놓고 구멍이 뚫린 얇은 고무호스 끝(참기름을 조금 바름)을 항문에 넣은 후 잠금장치를 풀면 5~6 분이면 들어간다. 약 10분 동안 기다렸다가 변기에 쏟아내면 된다. 부작용 설이 있으나 그에 관해 아무리 찾아보아도 납득할만한 내용은 찾지 못했다.

동아일보 동우회보 제69호 2019년 11월 26일

콜레스테롤은 적(敵)이 아니다

많은 사람들이 콜레스테롤 수치에 아주 민감하다. 콜레스테롤 수치가 높으면 심혈관, 뇌혈관질환(협심증, 심근 경색, 뇌졸중)에 잘 걸린다고 생각하기 때문이다. 병원에 가서 혈액 검사를 한 후 콜레스테롤 수치가 기준치 보다 조금이라도 높게 나오면 의사들은 남녀노소를 불문하고 이를 당장 낮춰야 한다고 겁을 준다.

신문 잡지나 TV 방송 등에서도 이와 같은 의사들의 일방적인 주장만을 받아들여 콜레스테롤에 대한 오해를 확대 재생산하고 있다. 그러다보니 많은 사람들이 정말로 콜레스테롤이 심뇌혈관질환 발생의 주원인인 것처럼 착각하고 있다. 하루 속히 이와 같은 잘못된 거짓 주장들을 바로잡아야 한다.

많은 사람들이 이같은 잘못된 정보를 믿고 달걀, 육류 등과 같은 건강한 식품을 졸지에 나쁜 식품으로 오해하고 이를 기피한다. 이로 인해 건강을 잃거나 질병을 치유하는데 있어 지름길을 놔두고 먼길을 돌아가는 사람들이 많다. 또 몸에 매우 소중한 콜레스테롤 수치를 강제로 낮추기 위해 고지혈증약 등 불필요한 약물을 복용하면서 자신의 몸을 망가뜨리는 사람들도 많다.

콜레스테롤은 우리가 건강을 유지하는데 없어서는 안될 꼭 필요한 물질이다. 그래서 우리의 몸 모든 세포속에 존재한다. 물성(物性)이 왁스와 같아 원칙적으로는 지방이 아니지만 지방의 한 종류로 분류된다.

몸 안에서 콜레스테롤의 쓰임새를 살펴보면 이 물질이 얼마나 중요한지를 알 수 있다. 우선 콜레스테롤은 세포막을 구성하는 요소가 된다. 세포막은 인지질의 이중층으로 구성된다. 그 사이사이에 콜레스테롤 분자가 박혀 있어 세포막이 찌그러들지 않고 그 형태를 유지할 수 있게 해준다. 마치 집을 지을때 집이 무너지지 않 도록 중간 중간에 기둥을 세우는 것과 같다. 콜레스테롤로 인해 세포막의 형태가 유지되어야 세포가 여러 물질들을 안과 밖으로 교환하는 작업을 원활히 수행할 수 있다.

또 세포가 외부의 물리적인 힘에 의해 변형되어도 다시 본래의 모양으로 회복할 수 있게 해준다. 만약 인체속에 콜레스테롤이 없다고 가정하면 사람은 그 형체를 유지할 수 없다. 흐물거리는 연체동물처럼 되고 만다. 최근에는 콜레스테롤이 세포 안에서 단백질의 대사과정을 조절하는데도 참여하는 것으로 밝혀졌다.

콜레스테롤은 신경세포 피복(sheath)을 구성하는 역할도 한다. 신경세포간의 전기신호가 서로 합선되지 않게 막아주는 훌륭한 절연체 역할을 하는것이다. 콜레스테롤이 부족하면 시냅스 기능이 저하되어 학습과 기억력이 떨어진다. 세로토닌 같은 물질의 작용도 약해져 햇빛을 쬐고 난 후 피부에서 비타민 D를 합성할 때, 부신 등에서 코티졸, 에스트로겐, 테스토스테론 등과 같은 여러 스테로이드 호르몬을 만들 때, 간에서 지방 소화에 필요한 담즙산을 생산할 때 바로 콜레스테롤이 이들 물질의 생산 원료로 사용된다.

이처럼 콜레스테롤은 인체 내에서 매우 중요한 역할을 하기 때문에 사람은 콜레스테롤 없이는 단 하루도 생존 할 수 없다. 이 때문에 우리 몸은 스스로 필요한 콜레스테롤의 약 80~95%를 직접 만들어낸다. 주로 간에서 콜레스테롤을 합성하지만 피부 및 신경 세포들도 필요한 콜레스테롤을 직접 생산한다. 나머지 5~20%의 콜레스테롤이 먹는 음식을 통해 흡수된다. 우리가 콜레스테롤을 많이 먹는다고 그것이 다 흡수되는 것은 아니다. 보통 섭취한 콜레스테롤 양의 20~60% 만이 흡수된다.

콜레스테롤을 많이 섭취했다고 해도 혈중 콜레스테롤은 어느 정도까지만 증가할 뿐 그 이상으로 마구 증가하는 일은 발생하지 않는다. 따라서 콜레스테롤 함량이 많은 식품을 먹는다고 해도 혈중 및 체내 콜레스테롤 레벨이 증가하는데에는 한계가 있다.

미국의 국민 식생활지침위원회에서도 처음에는 콜레스테롤 섭취량을 하루 300mg(달걀 1.5개 분량)으로 제한했다가 2015년도부터는 이를 완전 폐지했다. 이 조치는 콜레스테롤이 더 이상 섭취 상한선을 정할 필요가 없는 영양소라는 점을 학계, 업계 그리고 국민들에게 확실히 알리는 계기가 되었다. 그런데도 우리생활 주변을 보면 아직도 과거 잘못된 편견에 사로잡혀 '콜레스테롤 섭취를 제한해야 한다'는 구식 사고방식을 버리지 못하고 그대로 주장하는 사람들이 너무나 많다.

유전적으로 콜레스테롤 합성에 관여하는 효소의 결함으로 콜레스테롤 대사에 이상이 생기는 경우는 있다. 이렇게 태어난 아이는 콜레스테롤 부족으로 인해 발육부진, 소두증 (microcephaly), 정신 지체, 선천적 기형 등이 동반하기도 한다.

중요한 것은 심혈관 질환의 원인이 콜레스테롤이 아니라는 것을 알아야 한다. 심혈관 질환의 근본 원인은 다른 곳에 있는데도 현행 주류 심장의학계에서는 콜레스테롤 레벨을 통해 심장병의 발생 및 예후(豫後)를 판단하려는 엉뚱한 행위를 계속하고 있다고 정윤섭 순천향대학병원 흉부외과 교수는 단언한다. 정교수는 이같은 잘못된 가정을 근거로 콜레스테롤 함유 식품의 섭취를 제한시키거나 콜레스테롤 레벨을 낮추는 약물의 투여를 정당화시키는 황당한 의료행위를 계속하고 있다고 지적한다.

이로 인해 얼마나 많은 사람들이 엄청난 피해를 입고 있는지 상상할 수도 없을 정도라는 것이다. 우리는 오늘날 콜레스테롤과 심장병 사이에는 아무런 상관성이 없고 당연히 인과관계도 존재하지 않는다는 과학적 사실을 생생하고 명쾌하게 받아들여야 할 시점이 되었다. 정교수는 심장발작으로 병원에 온 환자들의 상당수에서 콜레스테롤 레벨이 정상이어도 심장발작은 일어난다는 사실을 알 수 있게 되었다고 밝혔다.

의학계에서는 좋은 콜레스테롤과 나쁜 콜레스테롤로 나눈다. 콜레 스테롤은 HDL, LDL로 나뉘는데 LDL 콜레스테롤이 혈관염증의 지표가 될 수 없으며 LDL이 싣고 있는 콜레스테롤을 따질 것이 아니라 LDL이란 지단백 입자의 수를 따져야 한다는 것 이다.

혈압이나 콜레스테롤 수치는 조금 높아야 오래 산다. 나이가 들면 혈관 탄력이 떨어지고 딱딱해지기 때문에 혈압이 조금 높아야 혈액이 우리 몸 구석구석까지 잘 흘러간다. 콜레스테롤이 세포를 튼튼하게 해주기 때문에 줄이지 않는 것이 좋다. 역시 수치가 높은 사람일수록 오래 산다. 스테이크나 생선 뱃살 같은 음식을 콜레스테롤수치 때문에 일부러 피할 필요가 없다.

각종 연구에서 총 콜레스테롤 레벨이 200~240mg/dL일 때 사망률이 낮은 것으로 나타났다. 레벨이 이보다 낮거나 높아지면 사망률이 증가하는 U자 모양의 곡선이 그려진다. 이 곡선에서 콜레스테롤 레벨이 200 이하로 낮아지는 쪽이 240 이상으로 높아지는 쪽에 비해 사망률이 더 증가하는 것으로 나타났다. 이것은 콜레스테롤 레벨의 저하가 증가보다 더 위험하다는 것을 의미한다.

콜레스테롤은 우리 몸을 방어해주는 긍정적인 보호효과를 지니고 있는 좋은 물질이라는 점을 강력하게 시사해 주는 것이다. 육식, 생선, 달걀 같은 건강한 식품을 통해 지방 섭취가 늘어 난 경우는 콜레스테롤이 증가해도 이는 건강한 방향으로 증가하는 것이다, 반면 트랜스지방, 산화된 지방을 섭취할 경우 건강하지 못한 방향으로 콜레스테롤 수치가 증가한다는 것을 명심할 필요가 있다.

동아일보 동우회보 제70호 2020년 1월 28일

코로나 바이러스와 동물 대재앙

중국 우한에서 출현한 코로나 바이러스는 2020년에 들어서면서 빠르게 확산되어 우리나라는 물론 전 세계를 공포로 몰아넣었다. 잊을 만하면 한 번씩 찾아오는 새로운 변종 바이러스는 인간의 무력함을 증명해주듯 빠른 속도로 인간의 목숨을 앗아가며 활개를 치고 있다.

우리는 급기야 문을 걸어 잠그고 사람들을 피하고 마스크를 쓰고 서로를 경계하기 시작했다. 확진자가 죽어가면서 사랑하는 가족조차 만나 볼 수가 없다. 나를 지키기 위해 모두가 적이 된 상황이다.

스페인 독감은 1918년부터 약 3년 간 인류 역사에서 가장 큰 피해를 가져왔다. 당시 전세계 인구의 4분의 1인 5억명이 감염됐고 근1억명이 사망한 최대의 감염질환 재난이었다. 1900년대 초 인류의 기대수명은 고작 30세. 나이 70을 고희(古稀)라 했지만 지금은 전 세계가 100세 시대를 바라보고 있다. 의술이 발달하면서 질병을 일으키는 원인과 그 매개체를 찾아내고 치료 방법을 알아낸 덕분이다. 그럼에도 불구하고 인류의 '숙적'인 바이러스는 이따금씩 인류를 파멸로 몰아넣는다. 앞으로는 더욱 더 엄청난 바이러스의 침공이 우려되기도 한다.

온난화가 계속 되면서 빙하가 녹아 드러난 동물사체에서 탄저균이 발견되었고 이번 코로나 바이러스는 중국 우한 바이러스 연구소에서 에볼라, 사스 등 다양한 바이러스 유전자 합성조작 과정에서 유출된 것이라는 주장이 퍼지기도 했다. 국방백서에 따르면 북한도 탄저균, 페스트 등 13종의 생물무기를 자체 배양하고 있다는 것.

바이러스는 아주 작은 크기의 감염성 입자다. 동물, 식물, 세균 등 살아있는 세포에 기생하는 미생물이다. 바이러스는 핵산과 단백질 등 2개 물질로 구성되어 있다.

일반적으로 우리는 바이러스를 마치 세균처럼 박멸해야 할 해롭고 불쾌한 대상으로 보는데 그것은 질병을 통해 바이러스를 인식해 왔기 때문이다. 그러나 바이러스는 알고 보면 사실 인간을 비롯한 모든 생물 활동에 중요한 역할을 해왔다.

사람은 태어나면서부터 본질적으로 깨끗한 존재가 아니다. 자신의 몸의 세포보다 더 많은 수의 미생물을 장속에 품고 있어 각종 세균으로 우글거리는 존재이자 화학물질로 포화된 존재다. 미생물이 우리를 이용하는 것 못지않게 우리도 미생물을 이용한다. 결국 면역 또한 상호관계, 상호 의존의 문제라고 할 수 있다. 서로가 적이 아니라 함께 공존하되 더 건강하게 만드는 것, 그것이 면역의 역할이다.

인체에는 수많은 병원체가 침입한다. 수 많은 병원체들이 계속 우리 몸에 침입할 새로운 방법들을 찾아내고 있고 우리의 면역계 또한 수많은 방법을 파악해 그에 맞서 싸우고 있다. 어떤 질병이 지구상의 유행병이 될지 아닐지는 네가지 요인에 달려있다. 얼마나 치명적인지, 새 희생자를 얼마나 잘 찾는지, 격리하기가 얼마나 어려운지, 백신이 얼마나 잘 듣는지에 달려 있다.

아주 강력한 바이러스는 널리 전파되기전에 많은 사망자를 내지만 독감처럼 희생자를 많이 죽이지 않으면서 잠복기가 있고 널리 퍼질 수 있는 바이러스가 유행병이 되기 쉽다. 조류와 포유류의 바이러스 중 인류를 감염시킬 가능성이 있는 것만 80만종에 달한다고 한다.

동물 대재앙이랄까. 사람들이 동물들을 길들이기 시작하면서 늘 가까이에 두고 살다 보니 그들의 질병이 우리의 질병이 되고 있다. 실제로 인류의 역사에 큰 위협이 되었던 질병은 대부분 인수감염(zoonotic,동물에서 유래)에서 비롯됐다. 페스트, 광견병, 에이즈, 뎅기열, 에볼라, 지카바이러스 등 모두 인류를 위협한 치명적 유행병들이다.

과학 전문기자인 소니아샤는 〈바이러스의 위협〉을 통해 역사 속에 존재했던 대 유행병을 추적했다. 그녀는 인류의 역사에서 새로운 병원체들이 어떻게 등장해 왔는지, 어떻게 전파되는지, 직접 빈민가와

농축산물 시장, 외과병동 현장을 취재했다.

병원체의 출발점은 우리 주변 야생 동물들의 몸속이었다. 2003년 사스의 발병지는 중국 광저우의 야생동물 시장. 관박쥐 몸속에 있던 바이러스의 변종이 사람들을 감염시켰다. 이번 신종 코로나 바이러스도 중국 야생 동물 시장의 박쥐에서 옮겨진 것으로 보고 있다. 박쥐는 역사적으로 인간을 집단적으로 위협에 빠뜨린 바이러스의 매개 역할을 해왔다.

박쥐는 수십만 마리씩 군집해 사는데다 수명도 길고 날개가 있어 이동 거리도 넓다. 게다가 박쥐의 면역체계는 특이해 광범위한 미생물들의 숙주였다. 야생동물 시장과 시장에서 파는 동물들의 다양성이 계속되는 한, 그리고 인간과 조류, 가축 동물의 군집 규모가 커지는 한, 대유행병의 잠재력을 지닌 새로운 바이러스의 종은 계속 만들어질 수밖에 없다. 실제로 70%가 넘는 대다수의 병원체가 야생 동물에게서 나왔다.

바이러스를 예방하는 가장 쉽고도 효과적인 방법은 손씻기이다. 손을 씻는 것은 물론이고 가능한한 손으로 얼굴을 만지지 않아야한다. 재채기나 기침을 할 때는 휴지나 손수건을 이용해서 침과 분말이 타인에게 닿지않도록 신경써야 한다. 코로나19는 주로 감염된 환자의 입이나 코에서 나오는 침방울, 점액을 통해 퍼졌다. 사람이 많이 모이는 곳은 피하고 사람들과 접촉해야할 때는 마스크와 장갑을 착용하는 것이 좋다.

물과 음식은 항상 끓이거나 익혀서 섭취하고 주위를 청결히 유지하며 충분한 휴식을 취하도록 해야 한다. 충분한 휴식과 수면만으로 저절로 나은 경우도 있다. 코로나 바이러스는 유리, 플라스틱, 금속 같은 단단한 표면에서 평균 4~5일 살아남는다. 에탄올이나 과산화수소를 물과 섞어 만든 소독제로 닦으면 죽는다. 가정용 염소계 표백제로도 소독이 가능하다.

마스크는 오염 물질을 거르기 위한 것이기 때문에 최대한 얼굴에 밀착시켜 공기중의 해로운 물질이 들어오지 못하게 하는 것이 중요하다. 코로나 바이러스는 공기로는 전염되지 않기 때문에 상대방과 숨결이나 침이 튀지않을 간격만 유지하면 안전하다고 볼수있다.

그러나 인적이 드문 야외에서는 마스크를 끼지 않아야 햇빛을 받아 비타민D가 생성된다. 마스크 안은 입안의 분비물이 묻게 되고 습도도 높아 균이 번식하기 좋은 환경이다. 내가 내뿜은 질소를 내가 들이마시게 되는 더러운 마스크를 계속 착용할 필요가 없다. 장갑은 손목이 노출되지 않도록 장갑의 끝이 소매 위에 올라오도록 껴야 한다.

우리 몸은 바이러스와 세균같은 병원체의 공격을 스스로 막아 낼 수 있는 면역계라는 방어 체계를 갖추고 있다. 이 역할을 하는 기관이 병원체 침입을 막거나 이미 들어온 병원체를 공격해 우리 몸을 보호한다. 하지만 건강이 무너지면 이 면역체계가 힘을 잃는다. 면역력을 키우기 위해서는 균형있는 식사와 충분한 수면이 중요하다. 음식을 골고루 먹고 자주 유산소 운동을 하면 질병에 걸릴 확률이 절반으로 떨어진다. 수면이 중요한 이유는 잠 잘때 뇌에서 분비되는 멜라토닌이 우리 인체의 면역력을 높여주는 중요한 역할을 하기 때문. 하루 수면 시간은 7시간 이상을 유지하는 것이 좋다. 또 적당한 햇빛을 쬐면 몸속에 당뇨, 암 등을 예방해주는 비타민 D가 증가하고 즐거운 마음을 가지면 면역 체계를 억제하는 호르몬인 코르티솔의 분비가 감소하여 몸이 건강해진다.

일상생활에서 접하는 면역력에 좋은 음식을 살펴보면 혈액순환은 물론 필요 없는 물질을 몸밖으로 내보내는 신진대사에 도움이 되는 따뜻한 물, 항산화 성분이 들어있는 과일, 우리몸의 세포를 노화시키는 활성 산소를 제거하고 면역력을 높여 주는 버섯 등이 있다.

동아일보 동우회보 제71호 2020년 3월 25일

체내 유익균 잘 먹여 살려야 장수

    수천 명의 환자를 치료해온 세계적인 심장전문의 스티븐 건드리 박사는 우리가 가장 두려워하는 '노화로 인한 질병'이 사실은 노화로 인해 생기는 자연스러운 현상이 아니라 우리가 살아가는 방식의 결과물이라고 정의했다. 그의 저서 '오래도록 젊음을 유지하고 건강하게 죽는법'을 통해 잘 늙는법을 새로운 각도에서 제시했다.

    그 방법은 다름 아닌 우리 몸안에 있는 가장 오래된 존재, 몸 안에서 살아가는 미생물을 관리하는 것이다. 박테리아인 장내 미생물은 오랜 기간에 걸쳐 우리의 건강 대부분을 책임진다. 체중, 피부상태, 관절염, 암에서 알츠하이머에 이르기까지 건강의 모든 부분에서 핵심적 역할을 맡고 있다. 우리 몸속의 미생물을 잘 돌보고 그들이 필요로 하는 것을 제공하면 그들과 함께 행복하게 오랫동안 살아갈 수 있다.

    우리의 몸은 박테리아가 살아가는 집이기에 우리의 운명은 그 박테리아의 운명에 달려있다. 사실 내 몸을 이루는 세포의 90%는 인간

세포가 아니다. 이 90%는 우리 몸 안팎에 사는 박테리아와 곰팡이, 기생충의 세포로서 일반적으로 미생물군유전체(微生物群遺傳體)라 불린다.

우리 몸은 이미 미생물의 주거시설로 그들에게 쾌적하고 아늑한 안식처를 제공하면 그들은 훌륭한 입주민이 되어 각종 설비를 효율적으로 사용하고 배수시설을 최상으로 유지하고 외관 페인트도 항상 깔끔하게 관리할 것이다. 반면 그들에게 좋은 음식을 주지 않고 외부인이 무단침입하게 만들고 건물의 토대가 무너지는 상황을 내버려두면 그들도 우리를 포기하고 우리를 망가뜨린다.

우리와 그 세균들과의 관계는 수천, 수만년 전에도 그랬고 지금도 그렇다. 우리가 그들을 잘 보살펴주면 그들도 오래도록 우리를 잘 보살펴줄 것이다. 인간의 운명은 인간유전자가 아니라 미생물군유전체에 달려있다.

우리가 매일 어떤 음식을 먹고 어떤 생활용품을 쓸지 선택하는 많은 행위가 우리의 몸에 사는 미생물군유전체의 행복과 불행에 영향을 미친다. 그 행·불행은 바로 우리 몸에 미친다.

건드리 박사는 수많은 환자들을 직접 치료하고 관찰하고 전 세계 장수촌을 직접 조사한 결과 우리가 얼마나 건강하게 오래 살 수 있는지는 장내 박테리아의 영향이 매우 크다는 사실을 알게 되었다. 그래서 심장 건강을 개선하고 암과 치매 진행 속도를 늦추거나 발병전 상태로 회복시켰다.

우리 몸에서는 죽을 때까지 우리의 젊음을 지켜 주기 위해 헌신하는 좋은 세균과 몸을 망가뜨리려는 나쁜 세균 사이에 말 그대로 사활을 건 싸움이 끝없이 벌어진다. 문제는 우리가 어느 쪽에 영양분을 공급해 힘을 실어주고 어느 쪽을 굶겨죽일 것인가이다. 이처럼 노화에 관한 문제는 우리가 무엇을 선택하느냐에 따라 결과가 완전히 달라진다. 무엇을 언제 어떻게 먹을지, 어떤 운동을 어떻게 얼마나 해야 할지, 영양제는 어떤 것을 먹을지와 같은 여러 선택들이 모여 수명과 건강에 실질적인 영향을 미친다. 그렇다면 가장 중요한 것은 먹어야 할 음식과 먹지 말아야 할 음식을 구별해 꾸준히 신경써서 먹어야 할 음식, 바로 장내 유익균을 위한 최고의 음식을 살펴보자.

먼저 프로바이오틱스와 프리바이오틱스, 이 두 가지를 혼동하는 사람이 많지만 구분하기는 아주 쉽다. '프로'가 장내 유익균 자체라면 '프리'는 장내 유익균이 좋아하는 긴 사슬형태의 섬유질 당분이다. '프로'가 우리몸속의 장이라는 정원에 심어진 씨앗이고 '프리'는 그 씨앗에 주는 물과 비료인 셈이다. 프리바이오틱스가 풍부한 음식은 참마, 멕시코감자, 고구마, 버섯, 토란, 돼지감자, 양엉겅퀴 등이다. 아카만시아(Akkermansia) 박테리아가 몸에 많을수록 우리는 더 젊어지는데 바로 이 박테리아가 이런 음식을 좋아한다.

아마씨를 적극 권장하고 싶다. 인간은 기원전 3천년전부터 아마씨를 먹었다는데 장내 유익균이 그만큼 오랫동안 먹으며 적응했다는 얘기다. 장내 유익균은 친숙한 음식을 가장 좋아한다. 아마씨에는 몸에 좋은 프리바이오틱스 섬유질이 풍부하며 폴리페놀의 일종인 리그난도 풍부하다. 비타민B군, 오메가3, 지방산이 가장 많이 함유된 식품이다. 아마씨는 그대로 먹으면 쉽게 흡수되지 않는다. 가루나 기름형태가 좋다. 아마씨는 무릎관절에 좋고, 피부에도 좋아 피부 보습제로도 사용된다.

필자는 걷거나 층계를 오를때 무릎 관절이 시고 약간의 통증도 있는 등 불편했다. 한의사의 조언에 따라 5년전부터 볶은 아마씨 가루를 아침 저녁으로 먹고 있는데 지금은 그 증상이 상당히 호전되어 주변에 적극 권장하고 있다. 내 주변에서 이런 필자의 조언을 듣지 않은 사람들중에 무릎에 인공관절을 넣는 대 수술을 받은 사람이 적지않다. 중국산 등은 방부제가 많이 들어있어 판매중단 되기도 했는데 캐나다산을 구입해 먹으면 된다.

양엉겅퀴(artichoke)는 각종 비타민 및 칼슘, 마그네슘 등 무기질이 풍부하고 간에 유익한 항산화 성분과 폴리페놀 함량이 높다. 이 아티초크는 고대 이집트인들이 즐겨 먹었다는 기록이 있다. 멕시코감자(히카마)는 프리바이오틱스가 매우 풍부하다. 기름에 튀기거나 볶아서, 또는 양파 등과 섞어 다져 먹으면 좋다. 브로콜리, 방울양배추도 장내 유익균에 아주 좋은 채소다. 방울양배추에는 비타민 B1, B2, B6,

C, K가 풍부 할 뿐 만 아니라 항산화 및 항염 효과가 뛰어나다. 전반적으로 장에 좋은 채소를 꼽으라면 이 양배추를 들 수 있다. 익힌 브로콜리에는 비타민C, 베타카로틴이 듬뿍 들어있고 비타민 B1, 2, 3, 6가 모두 들어있다. 이외에도 철분, 칼륨, 아연, 마그네슘도 풍부하다.

장과 견과류에 관해 살펴보면 일부 견과는 그저 씨앗 일 뿐이다. 캐슈너트 등 몇몇 견과는 다양한 생리·병리적 작용을 매개하는 렉틴(lectin)이 가득 든 씨앗일 뿐이다. 콩과 식물은 거의 렉틴 폭탄으로 땅콩은 가능한 한 멀리하는 것이 좋다고 건드리 박사는 강조한다. 이 부분은 일반 통념과는 많이 다르다. 하지만 호두, 헤이즐넛, 파스타치오 등은 장내 유익균에 훌륭한 영양분을 공급한다. 심장 건강에 도움을 주고 담석을 예방하며 당뇨병에도 효과가 있고 염증도 막아준다. 아몬드는 껍질을 벗겨서 먹거나 가루로 만든 제품이 좋다.

버섯을 먹으면 활성화 산소가 줄어들어 노화예방에 효과가 있다. 특히 야생식용버섯 포시니(porcini)는 폴리페놀 함량이 가장 높다. 건강, 장수로 유명한 이탈리아에서 가장 애용하는 버섯이다. 그 다음이 흰 양송이버섯이다.

과일은 적당한 양을 제철에 먹어야 한다. 그러나 당분 함량이 적은 과일은 사시사철 먹어도 좋다. 아보카도도 과일이다. 아보카도 과육에는 비타민C, E, 칼륨뿐만 아니라 엽산도 아주 풍부하다. 또 올리브유에 많은 불포화지방이 풍부해 뇌 건강에도 도움을 주므로 나이에 상관없이 모두 챙겨먹어야 하는 식품이다.

우리가 자주 먹는 지방은 염증을 줄이거나 더 악화시키거나의 둘 중 하나다. 그래서 몸에 좋은 지방을 찾아서 먹어야 한다. 특히 우리나라에서 좋아하는 들기름은 관절과 심장 건강에 효과가 있어 나이든 사람들에게 더욱 좋다. 들기름에는 아마씨유처럼 리놀렌산이 풍부해 심혈관계에 도움을 주고 항산화에도 효과가 뚜렷하다. 올리브유는 폴리페놀을 전달하는 가장 좋은 식품으로 건강하게 오래 살고싶은 사람들에게 '기적 같은 약'이라 할 수 있다. 올리브유는 혈소판 응집 활동을 저지해 심장마비를 예방해준다.

대체유제품에 관해 살펴보자. 확실하게 강조하지만 인간은 건강상의 이유로 다른 동물에서 나온 젖을 마실 필요가 없다. 우리 아이들은 송아지가 아니다. 소, 양, 염소, 물소에서 나온 젖은 그 새끼들의 성장을 촉진하도록 설계되어있고 그 성장 시기에만 필요하다. 그런 젖은 분명 성장을 촉진하는 것이지만 암세포와 노화도 촉진시킨다는 것을 명심해야 한다. 요구르트는 동물성 단백질이 없는 코코넛 요구르트가 좋다.

우리가 매일 마시는 커피는 한마디로 우선 사망률을 감소시켜준다. 커피를 좋아하지 않는 사람은 커피 열매를 구해서 복용해도 같은 효과를 얻을 수 있다. 맛도 괜찮지만 젊음을 유지하는데도 도움이 된다. 녹차는 자가 면역 질환관련 증상을 완화하는데 효과가 있다.

녹차 성분이 자가 면역 T세포와 염증성 호르몬인 사이토카인의 증가를 억제해준다. 자가 면역 상태가 아니더라도 염증을 예방하는 차원에서 녹차를 즐겨 마셔야 한다. 세계적인 미생물학 석학 빌헬름 홀차 펠박사는 특히 바닷바람을 맞고 자란 제주녹차로 만든 유산균의 생존율이 다른 유산균보다 7~8배나 높고 비만, 위궤양 치료 등에 효과가 있다고 발표했다. 차와 연관해 유기농 보이차도 좋다.

초콜릿은 어떤가. 초콜릿 좋아하지 않는 사람 있을까? 일반적으로 초콜릿은 건강에 좋지않을 것으로 생각한다. 그러나 장내 유익균은 우리가 매일매일 다크 초콜릿을 먹어주길 원한다. 다크초콜릿은 당분이 적다. 초콜릿에는 항산화 물질과 플라보노이드 성분이 들어있어 항염 효과가 뛰어나다. 초콜릿의 진짜 장점은 주 원료인 카카오에 있다. 카카오에 들어있는 플라보놀(flavonol) 성분이 뇌건강에 큰 도움을 주어 노년의 기억력, 정보처리속도, 주의력이 향상된다. 그러나 밀크초콜릿은 설탕이 거의 전부라 피하는 것이 좋다.

동아일보 동우회보 제72호 2020년 5월 25일

당(糖)은 우리 몸 최악의 적(敵)

오래도록 젊음을 유지하고 건강하게 살다가 죽기 위해서 우리는 어떻게 해야 할까. 많은 방법이 있겠지만 가장 중요한 일은 우리 몸 안에서 살아가는 미생물을 잘 관리하는 것이다. 장내 미생물은 살아 있는 동안 우리의 건강 대부분을 책임진다. 체중, 피부상태, 관절염, 암에서 알츠하이머에 이르기까지 건강의 모든 부분에서 핵심적 역할을 맡는다. 우리는 우리 몸속의 미생물을 돌보고 그들이 필요로 하는 것을 제공하면 그들과 함께 행복하게 오랫동안 살아갈 수 있다고 세계적인 심장전문의 스티븐 건드리 박사는 강조한다.

우리 몸에서는 죽을 때까지 우리의 건강을 지켜 주기위해 헌신하는 좋은 세균과 몸을 망가뜨리려는 나쁜 세균 사이에 말 그대로 사활을 건 싸움이 끝없이 벌어진다. 중요한 것은 먹어야 할 음식과 먹지 말아야 할 음식을 구별해 섭취해야 한다. 지난번에는 장내 유익균을 위한 최고의 음식을 살펴보았는데 이번에는 장내 유익균에 해로운 음식을 살펴본다. 다시 말하면 장내 유해균에 영양분을 공급하는 음식들을 멀리해야 건강하게 오래 살 수 있다. 나쁜 세균이 가장 좋아하는 음식이 무엇인지, 따라서 우리 건강에 가장 치명적인 음식이 무엇인지를 잘 살펴 섭취해야 한다.

한마디로 단당류는 장내 유해균이 가장 좋아하는 음식이다. 과일에 든 당도 마찬가지다. 원래 우리는 과일을 일년내내 먹지 않았다. 우리는 여름과 가을에만 단맛을 즐길 수 있었다. 하지만 요즘 우리는 여름이 계속 이어지는 시대에 살고있다. 과일은 물론 달콤한 간식, 진짜 설탕 혹은 가짜 설탕을 계속 먹고 있다. 그래서 비만이 지금처럼 많아졌다. 비만을 일으키는 진짜 범인은 장속에 사는 나쁜 세균이란 것을 명심해야 한다. 나쁜 세균은 물론 암세포도 설탕을 아주 좋아한다. 설탕을 줄이는 일이야말로 착한 세균을 도와 우리 몸에서 나쁜 세균을 몰아내는 최고의 방법이다. 이같은 단 음식뿐만 아니라 당분이 많은 과일도 멀리해야 한다.

포도는 거의 설탕 덩어리다. 포도쥬스 한 컵에는 설탕이 거의 23g이나 들어있다. 티스푼 여섯 개에 해당 하는 양이다. 절대로 간식으로 좋은 음식이 아니다. 하지만 와인이나 식초로 발효된 포도는 괜찮다. 와인과 포도 식초는 폴리페놀 함량이 높고 발효되는 과정에서 당분이 없어지기 때문에 안전하다. 따라서 포도는 과일이 아닌 식초로 마음껏 먹고 레드와인으로는 적당히 즐겨야 한다.

많은 사람들이 망고를 아주 좋아한다. 그러나 보통 크기의 망고 하나에 설탕이 무려 46g이나 들어있다. 티스푼으로 치면 12개다. 망고에는 포도당과 과당, 심지어 자당까지, 당이라는 당은 모두 들어 있다. 익을수록 이런 당분이 엄청나게 증가한다. 그래서 잘익은 망고가 맛있고 그래서 나쁜 세균들이 열광한다. 하지만 익지 않은 망고는 순수 올리고당이라 착한 세균이 좋아한다. 덜익은 망고로 샐러드를 요리해 먹으면 맛도 꽤 괜찮다.

바나나가 좋다고 하지만 그렇지 않다. 익기전 바나나는 거의 80%가 저항성 녹말이다. 익기시작하면 그 녹말이 당분으로 변한다. 익은 바나나는 몇 개만 먹어도 실제로 큰 바나나의 절반 크기 만큼의 설탕을 먹는 것과 똑같다. 익지 않은 그린 바나나를 먹어야 한다는 것 명심해야한다.

'하루 사과 한개면 의사와 멀어진다'라는 말이 있다. 하지만 중간 크기 사과 한개에 설탕이 19g, 티스푼 다섯 개 분량이다. 그러니 이제 '하루 사과 한개면 장내 유익균과 멀어진다'라고 바꿔어야 한다. 그러나 사과에는 수용성 식이섬유도 많이 들어있어 나쁘지 않다. 사과 역시 제철에 먹는 것이 좋다.

잘 익은 중간 크기 배에는 설탕이 17g 들어있다. 아삭아삭한 식감이 특징인 앙주(anjour)배 등은 저항성 녹말이 많아서 괜찮다. 배도 너무 익기 전에 먹는 것이 좋다. 파인애플 한 컵에는 설탕이 16g이나 들어있다. 파인애플은 먹지 않는 것이 좋다.

수크랄로스, 사카린, 아스파탐 같은 설탕 대체재는 진짜 설탕만큼 장 건강에 나쁘다. 설탕 대체재나 인공감미료는 장내 미생물군의 구성을 바꿔서 나쁜 세균이 온통 장을 차지하게 만든다. 최근 연구 결과를 보면 스플렌다 같은 수크랄로스가 첨가된 음료를 먹으면 일반 물을 마셨을 때보다 당뇨를 진단하는 당부하검사에서 혈당과 인슐린 수치가 더 높게 나타났다. 특히 수크랄로스는 비활성 물질이 아니어서 몸에 들어가면 독성 물질로 전환되어 수 주간 체내에 남는다.

인공 설탕은 진짜 설탕이 하는 것과 똑같이 뇌에 쾌락 신호를 보낸다. 하지만 인공 설탕을 먹으면 진짜 칼로리를 섭취한 것이 아니어서 혈당에 영향을 미치지 않는데 뇌는 따라 들어와야 할 포도당이 도착하지 않자 속았다고 느끼고 화를 낸다. 그러면 뇌가 설탕을 더 달라고 우리 몸을 자극해서 계속 당분을 섭취하게 된다. 인공감미료도 가능한 피해야 한다.

지방은 그 자체가 나쁜것은 아니지만 건강하게 오래 살려면 반드시 피해야 할 지방들이 있다. 바로 포화 지방이 문제다. 우리 몸에 문제를 일으키는 지질다당류, 바로 박테리아가 창자에서 분열해서 죽을 때마다 계속 만들어지는 박테리아 조각들이 이 포화 지방에 들러붙어서 창자벽을 뚫고 몸속을 돌아다닌다. 포화지방에 들러붙은 지질다당류는 뇌에 있는 식욕조절 중추인 시상하부(視床下部)로 곧장 전달되어 그곳에 염증을 일으킨다. 포화지방과 이를 따라다니는 지질다당류와는 결단코 작별을 고해야 한다.

미국 심장협회 연구진이 지방의 종류별로 동맥 건강에 미치는 효과를 조사한 결과 땅콩기름이 중증 동맥경화증을 일으키는 원인이자 관상동맥을 가장 많이 좁히는 지방원이라는 사실을 알아냈다. 땅콩기름에 렉틴이 아주 많고 그 렉틴이 자가 면역을 자극해서 동맥을 공격하기 때문이다.

나쁜 지방 중에서도 염증을 일으키고 유해균을 번식시키는 등 몸에 가장 해로운 지방은 포도씨유, 옥수수유, 면실유, 홍화씨유, 해바라기씨유, 경화 식용유나 카놀라유 등이 있다. 장내 유익균을 위해서라면 단당류, 지나치게 단 과일, 인공감미료, 일반 유제품, 나쁜 지방은 가능한 한 피해야 한다.

동아일보 동우회보 제73호 2020년 7월 27일

노년건강, 근육에 사활을 걸어라

근육의 역할은 우리 몸을 움직일 수 있게하고 뼈와 신체 각 부위를 안정시켜 몸의 형태를 유지하게 한다. 그 중에서도 가장 중요한 기능은 뼈를 움직이게 하는 것이다. 뼈는 스스로는 움직이지 못한다. 오직 근육에 의해서만 움직인다. 근육은 쉽게 늘어나지만 금세 본래의 형태로 되돌아가는 특성이 있다.

근육은 평소 길이의 1.5배까지 늘어나며 반대로 원래 길이의 절반으로 줄어드는 기능이 있다. 그래서 스트레칭을 하면 근육이 이완되거나 수축되어 손상되는 것을 방지해 준다.

많은 사람들이 나이 들어 근육이 줄어드는 현상을 자연스러운 노화의 한 과정으로만 여겨왔다. 하지만 최근엔 근육 감소증은 하나의 당연한 '현상'이 아닌 골다공증이나 치매처럼 대비해야 하는 '질병'으로 인식이 바뀌고 있다. 미국은 2016년 세계 최초로 근감소증에 질병 코드를 부여했고 세계보건기구(WHO)도 같은 해 국제질병분류(ICD-

11판)에 근감소증 질병명을 추가했다. 일본은 2018년에 질병 등록을 마쳤다.

한국은 통계청 표준 질병사인분류 (KCD-8판)에 근감소증 진단코드를 새로 추가할 예정이다. 지금까지는 진단 및 처방 코드가 별도로 없어 골다공증 등 유사 질환 코드에 포함해 진료하는 상태였다. 그래서 국내 근감소증 환자 규모나 정확한 실태 파악이 어려웠다.

국내 의학계는 근감소증이 10년내 골다공증처럼 노인의 대표 질환으로 급부상할 것으로 내다보고 있다. 특히 초고령사회로 빠르게 진행되어가고 있는 한국인의 근감소증 유병률은 결코 낮지 않을 것으로 추정된다.

실제 한국노인노쇠코호트연구단 연구팀이 노인의학국제학술지 (JAMDA) 최신호에 발표한 연구 논문에 따르면 국내 70~84세 2123명을 대상으로 한 조사에서 근감소증 유병률은 남성 21.3%, 여성 13.8%로 나타났다. 이는 2014년의 유병률(남녀 각 10.3%, 8.1%)보다 훨씬 높아졌다.

근감소증은 치매와 함께 '노쇠 (frailty)' 여부를 가늠하는 핵심 요소다. 노쇠는 정상적으로 나이가 들어가는 '노화'와는 구분되는 개념이다. 정상적인 노화는 일정한 속도로 신체 기능이 떨어지는 것이다. 기억력 등 퇴화 현상이 하나둘씩 천천히 나타난다. 하지만 노쇠는 신체기능 저하가 본인이 바로 느낄 정도로 급속히 진행된다. 비정상적인 빠른 노화라고 할 수 있다. 노쇠는 체중이 빠지고 근육이 줄고 기억력이 떨어지는 등의 신체기능의 저하가 동시다발적으로, 수주 내지 수 개월(최대 6개월) 내에 빠르게 진행된다. 바로 근감소증이 이 노쇠를 더욱 가속화시킨다는 것을 명심해야 한다.

근감소증은 대체로 60대 중반부터 호소하는 경우가 많다. 그러나 실제 진단은 주로 70대 중반 이후에야 이뤄진다. 60대 중·후반 이후 별다른 질병이 있는것도 아닌데 아침 잠자리에서 잘 일어나지 못하고 힘이 없고 기력이 약해지기 시작하더니 입맛도 떨어져 식사도 잘못한다면 의심해봐야 한다. 또 이유 없이 살이 빠지고 걷는 속도가 급격히 느려졌거나 계단 오르는 데에도 힘이 부친다면 상담을 해 볼 필요가 있다.

손으로 허벅지나 종아리를 만졌을 때 둘레가 줄어든 느낌이 들거나 예전엔 거뜬히 들었던 물건을 들기가 힘들 때도 마찬가지다. 이 경우 요즘 대학병원에 잇따라 개설되고 있는 노년내과(어르신진료센터)나 가정의학과, 일반 내과에서 근감소증을 세부 진료과목으로 분류해 놓은 전문의료진을 찾는게 좋다.

근감소증에 영향을 주는 요인으로는 노화, 운동 부족, 영양상태 불균형, 만성질환 등이 꼽힌다. 하지만 개인간 영양상태, 운동량 및 기저질환, 유전 소인 등으로 인해 그 속도가 사람마다 차이가 난다. 골다공증처럼 젊어서도 근감소증이 올 수 있고 나이 들어서도 오지 않을 수 있다. 기본적으로 근육은 적절한 움직임과 자극이 없으면 쇠퇴하는데 근육이 한번 감소하면 기초 대사량과 활동량도 함께 줄어들면서 감소 속도가 더 빨라 진다. 원인을 파악해 교정하지 않으면 이런 악순환의 고리가 빠르게 진행되는 만큼 늦기 전에 대비해야 한다.

신종 코로나19 감염증 공포로 나들이를 삼가면서 집안에서 시간을 보내는 이들이 많아졌다. 신체활동이 줄어들면 당연히 근육도 줄어든다. 가능하면 사람들이 적게 모이는 장소를 찾아 걷고 또 걸어야한다. 걷는 것 외에 팔 다리 허리 운동을 계속해야 한다. 활동량이 줄어들면서 발생하는 근육감소는 실내에서 할 수 있는 근력운동으로도 예방할 수 있다. 하루 15~30분 앉았다 일어서기, 옆으로 누워 다리 들기, 몸을 고정한채 무릎 굽혔다 펴기, 까치발 들기 등 생활 속의 간단한 움직임도 근육 강화 및 활력 유지에 도움이 된다. 특히 엉덩이, 허벅지 부위 하체에 근육이 몰려있기 때문에 다리 운동을 하면 효과가 두드러진다.

노년층 근감소증 관리를 위해선 꾸준한 근력 운동과 함께 충분한 단백질 섭취가 중요하다. 가급적이면 기름기 없는 고기, 생선, 계란, 콩, 두부 등 양질의 단백질을 꾸준히 섭취해야 한다.

단백질을 지나치게 많이 섭취할 경우 통풍 등 부작용이 발생할 수도 있다. 단백질 중에서도 콜레스테롤 걱정이 없는 식물성 단백질이 좋은데 전문가들은 발효한 콩류를 권장한다. 아무리 좋은 보약을 먹어도 몸속의 효소가 제 기능을 못하면 아무 의미가 없다.

단백질을 포함해 먹는 음식의 영양흡수를 위해 효소식품을 보충 섭취해야 한다. 한마디로 고도의 발효기술로 만들어진 효소식품을 골라 섭취 하는것이 가장 바람직하다. 100% 완전발효한 곡물 효소는 곡물 영양까지 함께 섭취할 수 있어 체력 회복에 도움이 된다.

한가지 강조하고 싶은 것이 있는데 나이 들어가면서 '걷고 걷되 거만하게 걸어라'이다. 늙어가면서 계속 근육이 줄어드는데 병든 병아리 같이, 또는 꼽추처럼 움츠러들어 꾸부리고 걸어 다니지 않아야 한다. 자신감을 갖고 가슴을 펴고 팔다리에 힘을 주어 힘차게 걸어 다니면 오장육부가 편안해지고 근육도 늘어난다.

옛 어른들이 조끼 주머니에서 볶은 콩을 꺼내 먹으면서 논두렁길을 뒷짐 지고 갈지자로 걷는 것도 근육감소를 예방하는 건강의 한 비법이 아니었을까.

동아일보 동우회보 제74호 2020년 9월 21일

마스크 상시착용의 부작용

코로나 바이러스 감염증으로 마스크 사용이 일상생활이 됐다. 위반할 경우 과태료도 부과되었다. 그러나 마스크를 계속 쓰고 있으면 매우 위험하다고 전문가들이 지적해 마스크 착용의 문제점과 효율적인 사용법을 살펴본다.

나이 든 노년일수록 마스크를 쓰면 자신의 입 냄새로 아주 불편하다고 털어놓는다. 입 냄새는 거의 모든 사람에게서 나지만 사람에 따라, 몸 상태에 따라, 심하기도 하고 그렇지 않기도 하다.

마스크를 착용하면 감기나 전염병 예방에 큰 도움이 된다. 코로나 예방에도 거리두기와 함께 거의 절대적이다. 그러나 문제점도 적지 않다. 먼저 마스크 착용으로 인한 저산소증이다. 마스크 상시 착용은 원활한 호흡을 방해해 저산소증, 이산화탄소 과다증으로 심신이 쇠약해진다. 인간은 산소 없이는 한시도 살 수 없다. 충분한 산소가 공급되지 않으면 반드시 병에 걸린다.

마스크 상시 착용은 산소 부족으로 생명 에너지를 저하시켜 온갖 병을 키운다. 우리 몸에서 산소의 역할은 음식물을 에너지로 만드는 것이다. 산소가 부족하면 음식물을 에너지로 만드는 대사 작용이 원활하지 못해 결국 생명 에너지가 부족해지고 면역력이 저하된다. 에너지가 되지 못한 음식물, 즉 불완전 연소물은 독소로 축적되어 모든 기능의 저하와 여러가지 질환을 부추긴다. 산소가 부족하면 심장이 더 힘들어져 고혈압과 심장병도 유발한다.

　마스크 상시 착용은 암도 유발한다. 노벨상 수상자이자 암세포 대사 이론의 창시자인 오토 와버그박사는 '저산소증이 암의 본질적인 원인'이라고 진단했다. 산소가 충분하면 암세포가 제대로 자라지 못한다는 것이다. 고밀도 마스크를 이용한 성균관대 의대의 실험에 따르면 마스크는 산소섭취량을 11% 감소시키는 것으로 나타났다.

　마스크 상시 착용은 두뇌활동 저하와 이산화탄소 과다증으로 심각한 피해를 입힌다. 호흡으로 배출해야 할 이산화탄소를 제대로 배출하지 못하면 두뇌활동 저하로 치매, 중풍, 학습장애, 각종 정신질환 등을 일으킬수 있다. 기저질환이 있는 이들에게는 더욱 치명적이다. 심한 경우 급성호흡곤란증후군으로 위독해질 수도 있다. 마스크를 계속 쓴 학교 수업중에 호흡곤란으로 실신한 학생이 이미 나왔다.

　마스크는 면역력도 무력화시킨다. 호흡이 원활하지 못해 답답하면 노르아드레날린, 아드레날린, 코르티솔 등의 스트레스 호르몬이 다량 분비되어 면역력이 약해진다. 또 온갖 스트레스 호르몬을 다량으로 생산해서 결국 만병을 키우는 요소가 될수 있다.

마스크 상시 착용은 우울증과 자살 환자를 늘리기도 한다. 자살의 주요 원인인 우울증은 심리적 스트레스에서 비롯된다. 우리나라는 세계 1위의 자살국이다. 2019년 13,799명이 자살했다. 하루 38명꼴. 코로나19의 예방도 중요하지만 스트레스와 우울증으로 폭증하는 자살자에 대한 대책도 심각한 문제가 아닌가. 이로인한 스트레스가 우리의 몸은 물론 마음까지 병들게 한다. 우리나라 연간 독감 사망자는 평균 2,370명이다. 코로나 사망자수의 5배나 된다.

여러 연구 결과가 아니더라도 마스크를 계속 쓰면 두통, 현기증, 무기력, 스트레스 등 건강 악화 증상이 나타난다는 것을 누구나 알고 있다. 마스크를 끼고 몇 시간 활동한 후 혈압, 당뇨, 타액 내의 스트레스호르몬, 혈액내의 산소포화도와 이산화탄소, 암세포 등을 정밀 측정해보면 그 전과 후의 건강지수 변화를 쉽게 확인할 수 있다. 마스크를 계속 쓰면 환자가 될 수 있다는 것을 알아야 한다.

코로나로 인해 심리적 공황이 널리 퍼지면서 사람들이 필요이상의 공포감에 떨게 해서는 안된다.

시중에 유통되는 일회용 마스크 대부분은 노즈클립에 사용되는 철사를 제외하면 상당부분 화학물질로 만들어진다. 현재 사용하는 보건용 마스크의 주성분은 폴리프로필렌과 이를 압착해 초극세 섬유부직포로 전환한 멜트블라운 부직포필터다. 폴리프로필렌 성분은 땅에서 완전히 자연 분해되기까지 수 천년이 걸린다고 한다.

마스크는 일반쓰레기로 분류돼 종량제 봉투에 넣어 버린 뒤 소각되는데 소각과정에서 맹독성 화합 물질인 다이옥신이 발생한다. 1급 발암물질인 다이옥신은 토양과 하천에 녹아있다가 동식물을 통해 우리 몸에 흡수될 수 있다. 바이러스로부터 우리를 지켜준 마스크가 오염 물질로 다시 우리에게 다가올 수 있다.

정부는 당연히 강력한 코로나 예방 정책을 마련해 시행해야 한다. 그러나 마스크 의무화가 모든 것을 해결한다는 사고방식에는 찬동하기 어렵다. 그렇다고 마스크를 쓰지 말자는 것은 아니다.

최근 제주를 다녀왔는데 대한항공승객이 초만원으로 4백여명이 빈틈없이 다닥다닥 붙어 빼곡히 앉았었다. 얼마전 KTX도 마찬가지였다. 지금 전국 곳곳의 유원지나 실내 음식점에 사람들이 몰려와 초만원이다. 이젠 마스크를 쓰지 않으면 벌금까지 내야 한다. 밀집, 밀착 상태에서는 당연히 마스크를 착용해야 한다. 거리두기도 해야 한다.

그러나 주변에 사람이 없는데도 무조건 마스크를 착용할 필요는 없다. 착용하지 않아도 될 장소에서는 마스크를 쓰지 않을 것을 권장한다. 2m이상 거리 일때는 쓰지 않아도 된다.

홀로 차를 몰고 가면서 마스크를 쓸필요는 없지 않은가. 생명 활동의 필수인 산소 공급을 차단하고 백해무익인 이산화탄소 과다증을 유발하는 마스크를 습관적으로 계속 써 스스로 자신의 건강을 해치는 어리석음은 범하지 말아야 한다는 이야기다.

한편 마스크는 힘찬 호흡으로 폐 건강에 보탬이 된다는 견해도 있다.

동아일보 동우회보 제75호 2020년 11월 23일

인류역사상 10대 대역병

2020년에 전 세계를 대공황으로 몰고 간 코로나19, 겨우 1년 정도에 감염자가 1억명에 이르고 사망자가 2백만명을 넘었으며 앞으로도 엄청난 희생이 예고된다. 생명손실뿐 아니라 우리의 일상생활, 경제생활에도 대변혁이 일어나고 있다. 부모가 죽어도 접근할수가 없고 수많은 집안이 파탄났다. 인류는 탄생 이후 지금까지 각종 세균병과 엄청난 전쟁을 해왔고 이 전쟁은 앞으로도 계속될 것이다. 인류 역사에는 전염병 창궐로 수많은 사람들이 희생돼 왔는데 페스트 창궐 때 유럽 인구의 3분의 1, 또는 절반이 희생되어 최소 7천5백만명, 최대 2억명이 사망했고 천연두나 스페인 독감으로도 수억명이 희생됐다. 당시엔 장사(葬事)를 치르거나 시체를 묻어줄 사람조차 없었다고 한다. 이런 악성 전염병은 우리말로는 역병(疫病), 서양에서는 팬데믹(pandemic)이라 하는데 이 역병이 한차례 지나갈 때마다 인류의 역사, 문화사, 생활사가 크게 바뀌어왔다.

지금까지 경험해보지 못한 비대면 시대, 인정이 메마른 삭막한 세상으로 우리를 몰고 가는 코로나19 시대를 맞아 인류 역사상 10대 대역병을 살펴보면서 앞으로 우리가 어떻게 생활과 건강을 유지해가야 할지 한번 깊이 생각해 보아야겠다.

①안토니우스 역병(A.D. 165~180)

파르티아(Parthia, 고대 이란)와의 전쟁에 참전했던 로마 병사들이 승리를 거두고 귀향하면서 불행하게도 천연두(天然痘 ·smallpox)로 짐작되는 전염병을 로마 제국 전역에 퍼뜨렸다.

15년 동안 지속된 이때의 역병으로 로마인 5백여만명이 목숨을 잃었다. 로마 황제 베루스에 이어 안토니우스 황제도 이 역병으로 180년 사망했다. 180년대는 로마제국의 최전성기였으나 이 역병 이후 로마제국은 주변의 작은 나라들로부터 자주 침공을 받아 국력이 쇠퇴하기 시작했고 그때부터 기독교가 널리 전파되었다. 당시 로마제국을 침공한 미개한 나라(민족) 사람들을 총칭하여 바바리안(Barbarian, 야만족)이라 부른다.

②유스티니아누스 역병(541-542)

동로마 제국 유스티니아누스 황제 통치 시기인 541~542년에 역병이 크게 유행, 이때 세계 인구의 약 10%(5천만 ~1억명)가 죽은 것으로 추정된다. 이 수치는 당시 유럽 인구의 절반 수준이다. 이 역병이 대유행할 때 유스티니아누스 황제도 감염되어 다행히 회복되었으나 이후부터 동로마 대제국이 점점 쇠퇴해갔다. 그가 통치할 때 역병이 대유행했기 때문에 '유스티니아누스 역병'이라 불린다. 이때 유행한 질병은 쥐 벼룩이 매개하는 페스트(흑사병균 Yersinia pestis)로 판단되고 있다.

③흑사병(1346~1353)

유스티니아누스 역병이 약 800년 지난 때에 아시아에서 시작된 페스트가 실크로드를 따라 전파되어 유럽 인구의 3분의 1, 또는 절반이 희생되어 최소 7천5백만 명, 최대 2억 명이 사망했다. 페스트균은 쥐의 몸에 붙어사는 쥐 벼룩이 옮긴다. 유럽에 페스트가 유행했던 그 당시엔 장사(葬事)를 치르거나 시체를 묻어줄 사람조차 없었다고 한다. 귀족 가족들이 유행병을 피해 하인들을 데리고 산골 오지(奧地)로 피신하기도 했으나 페스트균은 거기까지 따라와 모두를 희생시켰다. 이 시기의 페스트는 유럽 역사를 크게 바꾸었다. 사람이 너무 많이 죽어 집안일이나 농사일을 할 일꾼을 구하기가 어렵게 되어 노동자에 대한 대우가 크게 달라졌다. 또 단순노동을 해줄 일꾼을 구하기가 어렵게 되면서 물건을 만들고 작업을 할 수 있는 온갖 기계와 기술이 발전하기 시작했다. 그때의 큰 변화로 유럽의 봉건제도가 무너지기 시작했다.

④코콜리츨리 역병(1545~1548)

아메리카 대륙이 발견되자 스페인은 남미와 북미 대륙에 광대한 식민지를 조성했다. 스페인 군대가 점령한 뒤 지금의 멕시코 중앙부 아즈텍(Aztec) 사람들 사이에 역병이 퍼졌다. 당시 아즈텍인들은 장기간의 가뭄으로 극도로 쇠약해 있었는데 이런 와중에 장티푸스(typhoid fever)가 전염됐다. 이때의 역병으로 아즈텍인들 1천5백만명이 죽었고 나라도 망해버렸다. 코콜리츨리(Cocoliztli)는 아즈텍인들이 당시의 유행병에 붙인 그들의 언어다.

⑤아메리카대륙 대역병 천연두(16세기)

입안이 헐고 피부에 수포(水疱)가 수없이 생겨 죽거나(사망률 20~60%) 살더라도 전신에 곰보 자국이 남고 발병자의 3분의 1이 시력까지 잃는 천연두(天然痘)는 인류 역사에서 너무 많은 사람들을 희생시켰다. 영국의사 제너(Edward Jenner)가 1796년에 백신을 발명함으로써 환자 발생이 줄어들었지만 백신이 개발되기전 유럽에서만 1년에 40여만명이 죽었다. 백신이 전 세계에 보급되기까지에는 여러 해가 걸렸다. 20세기 동안에만 세계에서 3억~5억명이 천연두로 죽었는데 1977년 이후로는 환자가 발생하지 않았다. 세계보건기구(WHO)는 천연두 바이러스가 박멸된 것으로 보고 있다.

유럽 여러 나라가 아메리카 대륙을 정복하기 전에는 이지역에 천연두가 없었다. 정복 직후 천연두가 만연해 이 지역 인구가 급속히 감소, 잉카와 아즈텍은 멸망하고 아메리카 원주민도 90%가 희생된 것으로 추정된다.

⑥스페인독감(Spanish Flu) 대유행(1918~1920)

스페인 독감은 악성 전염병이 유행할 때마다 소개되는 대표적인 대역병이다. 2년 동안에 전세계 약 5억명이 독감에 걸렸고 그중 5분의 1이 목숨을 잃었다. 당시에 대유행한 독감을 '스페인 독감'이라 부르지만, 처음 발병한 곳은 스페인이 아니었다. 제1차 세계대전(1914~1918)을 치르는 동안 유럽인들은 대부분이 쇠약해 있었고 면역력이 약한 사람들 사이에 퍼진 독감 바이러스는 유럽뿐만 아니라 전 세계로 전파되었다. 이때의 독감으로 사망한 사람은 이상하게도 20~45세 사이의 젊은 층이 60%였다고 한다.

⑦아시아 독감(Asian Flu)(1957~1958)

싱가포르에서 1957년 2월, 홍콩에서는 4월에 만연(蔓延)하기 시작해 그해 여름에는 미국의 해안 도시로 까지 크게 번졌다. 이때 세계적으로 1백만~2백만명이 사망했고 미국에서만 11만6천명이 희생된 것으로 알려졌다.

⑧에이즈(AIDS/HIV) 대유행(1981~현재)

'에이즈'라는 낯선 바이러스가 1981년부터 전 세계 유행병이 되었다. AIDS 또는 HIV라고 알려진 바이러스에 감염된 사람은 병균을 퇴치하는 면역력이 약화된다. 그래서 다른 병에 걸렸을 때 회복이 잘 되지 않았다. 그래서 에이즈를 '후천(後天)면역결핍증'이라 한다. 과학자들은 에이즈 바이러스는 원래 침팬지의 바이러스였는데 1920년대에 서아프리카에서 인간에게 전염된 것으로 보고 있다. 현재 사하라사막 부근 주민의 약 64%에 해당하는 4천만 명이 이 바이러스를 가지고 있는 것으로 추산되고 있다.

⑨돼지 인플루엔자(Swinein Influemza)(2009~2010)

새와 돼지 인플루엔자 바이러스와 인간의 독감 바이러스는 RNA가 비슷해 돼지나 새의 바이러스가 인체에 들어오면 둘 사이에 유전자가 새롭게 조합된다. 2009년 멕시코에서 발생한 돼지독감 바이러스가 인간에게 전염되기 시작했는데 한해 동안 세계적으로 1억4천만명이 감염되어 50여만명이 목숨을 잃었다. 일반적으로 독감은 노인이 많이 걸리는데 돼지독감 희생자는 젊은 사람들이 더 많았다. 그 해답은 '노인들 중에는 과거에 이미 돼지독감에 걸려 면역력이 조성된 사람이 많았기 때문'이었다.

이상 열거된 역병에 코로나19까지 포함해 세계 역사상 10대 대역병으로 기록될만하다. 이밖에 최근 발생한 것 만해도 사스 중증호흡기증후군(2002년)으로 32개국에서 774명이 희생된 것을 비롯, 메르스(2012), 에볼라(2014~2016), 지카 바이러스(2015~)등 인류를 해치는 역병들이 적지 않고 앞으로도 어떤 재앙이 엄습해올지 아무도 모른다.

우리는 항상 몸과 마음가짐을 단정하게 하고 절제되고 지혜롭게 대처해 영원불멸한 대역병의 고난을 슬기롭게 헤쳐나가야 겠다.

동아일보 동우회보 제76호 2021년 1월 25일

내 체질에 맞는 음식은 어떤것일까

사상체질의학이란 사람마다 타고나는 체질이 있고 그 체질에 맞는 음식을 먹어야 건강하게 살아갈 수 있다는 것. 그리고 병에 걸렸을 때 치료 또한 체질에 맞게 다스려야 좋은 효과를 얻는다는 것이다.

보통 음식을 선택할 때 사람마다 중요하게 여기는 포인트가 다르다. 맛을 생각하는 사람, 양이나 가격을 중시하는 사람, 칼로리를 계산하는 사람 등 천차만별이다.

일반적으로 그 음식이 얼마나 영양가가 있는지가 중요한 기준이겠으나 최근에는 살찌지 않는 음식, 몸에 좋은 음식이 무엇인가를 생각하는 사람들이 많아졌다. 앞으로는 맛도 좋고, 아무리 먹어도 살이 찌기는커녕 오히려 살을 빼주는 음식이 개발된다면 대박날 것이다.

고기를 먹으면 소화가 안되고 속이 안 좋다는 사람, 고기를 먹어야 먹은 것 같다는 사람, 고기 먹으면 몸에 두드러기가 생긴다는 사람 등등 다양하다. 또 똑같이 상한 음식을 먹었어도 예민하게 반응해 배탈

나는 사람이 있고 아무 이상이 없는 사람도 있다. 개개인에 따라서 서로 다른 반응이 나타나는데 정확하게 무엇때문인지는 아직 밝혀지지 않았다. 보통 과민반응이나 알레르기 등으로 표현하고 있는 정도다.

사상체질의학에서는 이것이 바로 다름 아닌 체질때문이라고 한다. 사상체질의학에서는 각각의 체질별 특성을 밝히고 체질에 맞는 음식이 선정되어 있어 이러한 알레르기나 과민반응을 미리 예방할 수 있다는 것이다.

보통 음식은 이것저것 먹기 때문에 자신에게 무엇이 좋고 무엇이 나쁜지 잘 파악하지 못한다. 그러나 어떤 음식은 먹으면 속이 편하지만 어떤 음식은 많이 먹지 않았는데도 속이 불편하거나, 배가 아프거나, 설사하거나, 변비가 생기는 반응이 나타난다.

사상의학이란 모든 사람이 자신의 체질을 파악해서 자신의 건강을 스스로 지키라는 지침이기도 하다. 사상체질의학은 태양인, 태음인, 소양인, 소음인으로 구별한 후 각각의 체질에 맞는 약과 음식, 맞지 않는 약과 음식을 구별해놓았다.

사상체질을 감별하는 방법은 그리 간단하지가 않다. 시대변천에 따라 엄청난 사회적 환경적 변화, 그중에서도 다양해진 식문화에 적응하면서 살아가다 보니 갈수록 체질을 판단하기가 어려워진다.

최근엔 컴퓨터 사상체질 감별, 적외선 촬영 등의 자료를 기초로 하여 성격 및 외관상에 나타나는 특징과 수면, 대소변, 식욕, 소화정도,

생리 증세, 생활습관, 병증상태 등을 종합하여 체질을 판단한다. 사상체질은 외관상 나타나는 체형으로 감별한다. 외관은 체질을 감별하는데 아주 귀중한 기초자료다.

신체 골격이나 특징, 용모, 얼굴의 상태와 전체적인 느낌이 중요시된다. 이런것들을 근거로 각 체질을 진단해 본다.

태양인 체형은 머리, 목덜미가 발달되어 있고 허리가 가늘며 체격이 위로 상승되어 있는 면이 있다. 눈에 광채가 있고 마른편이며 오래 걷거나 서 있기가 힘들다. 용모는 건장하고 깔끔하고 단아하며 떳떳한 태도로 초연하거나 거만해 보인다. 현실적인 것보다는 이상적인 면을 추구한다. 어떤 일이나 막힘없이 시원스럽게 처리한다. 처음만난 사람도 쉽게 사귄다. 남성적이어서 항상 앞으로 나아가려 하며 추진력이 강하다. 반면 앞뒤를 생각하지 않고 함부로 행동하는 경향이 있다. 영웅심이 많고 남을 무시한다는 평도 듣는다.

소양인 체형은 흉곽 부위가 발달하고 엉덩이가 작아서 하체가 약하다. 가슴 부위가 발달해 있어 걸을 때 상체가 흔들리면서 안정감이 없어 보인다. 눈매는 날카롭고 입술이 얇으며 턱이 뾰족하다. 머리가 앞뒤로 나온 사람이 많다. 옳지 않은 일에 참지 못하며 경솔한 면이 있다. 창의력이 뛰어나 새로운 아이디어를 많이 내며 열성적이고 솔직담백하다. 일할 때 이해와 타산을 따지지 않으며 봉사 정신이 강하다. 자신의 일보다 남의 일에 열성적인데 일을 저질러놓고 마무리

하지 못하는 면이 있다. 가정 일은 등한시 한다는 말을 듣는다. 지나치게 직선적으로 표현해 상대방의 마음을 상하게 하기도 한다.

태음인 체형은 허리 부위가 굵고 목덜미가 가늘며 뚱뚱하고 기골이 장대하다. 얼굴 윤곽이 뚜렷하고 이목구비가 크고 선명하며 입술도 두툼하다. 공명정대한 태도를 갖고 있으나 욕심이 많고 고집스러운 면도 있다. 걸음걸이는 느리고 안정성이 있다. 사회생활에 잘 적응하며 일단 시작한 일은 끝까지 성취시켜놓는 스타일. 모든 일을 넓게 생각하고 이해해 버린다. 자세는 의젓하지만 속마음을 쉽게 내비치지는 않는다. 일을 시작하기 전에 포기하거나 게으른 면이 있다. 보수적이고 욕심이 많다. 변화를 싫어하고 운동보다는 도박을 좋아한다.

소음인 체형은 엉덩이 부위가 크고 가슴 부위가 좁다. 체구는 작으나 간혹 키 큰 사람도 있다. 가슴이 빈약하고 이목구비가 작으며 오밀조밀하고 단정하다. 걸을 때 앞으로 수그러지는 사람이 많다. 모든 일을 치밀하고 정확하게 처리하며 예민하고 빈틈이 없다. 예의에 벗어나는 일을 하지 않는 원칙론적인 성격이다. 여성적인 면이 많고 온순하며 다정다감하고 잔재주가 많다. 한번 상처를 받거나 기분 나쁜 것은 잊지를 못해 정신적으로 스트레스를 많이 받는다. 개인주의가 강하고 남의 간섭을 싫어한다. 시기심이 많은 편.

사상체질과 음식은 직결되어 있다. 체질에 맞지 않는 음식을 장기적으로 복용하면 결국 병에 걸리게 된다. 소음인은 따뜻한 음식이 좋고 찬 음식은 좋지않다. 소양인은 신선하고 시원한 음식이 좋고 뜨겁거나 맵고 짠것은 좋지 않다. 식욕이 왕성한 태음인에게는 고단백질 음식이 고칼로리 음식보다 좋다. 태양인은 담백하고 서늘한 것이 좋다. 뜨겁고 지방질이 많은 음식은 피하는 것이 좋다.

그러나 사상체질의학을 인정하지 않는 한의사도 없지 않다. 한의사 자신이 체질이 자꾸 바뀐다는 것이다. 그리고 서양사람이 동양인에 비해 수명이 짧은것도 아닌데 그들은 전혀 체질에 관계없이 살아가고 있다.

평생 사상체질의학을 연구해온 우리한의원 김수범 원장이 권하는 체질별 좋은 음식은 다음과 같다.

소음인--닭, 양, 염소, 명태, 미꾸라지, 도미, 사과, 귤, 토마토, 양배추.

소양인--돼지고기, 오리, 새우, 게, 수박, 참외, 딸기. 귤

태음인--쇠고기, 우유, 뱀장어, 대구, 미역, 호두, 잣, 버섯, 밤, 배.

태양인-- 새우, 굴, 전복, 붕어, 포도, 감, 다래, 메밀, 순채 나물 등.

동아일보 동우회보 제77호 2021년 3월 22일

술 담배 동맥경화는 '복부 대동맥류' 검사해야

필자는 50여년전 맹장수술을 한후 몸에 칼 댄적이 없는데 2021년 3월 복부를 30cm가량 째고 장기(臟器) 뒤쪽에 있는 대동맥 15cm가량을 인조혈관으로 갈아 넣는 복부대동맥류 대수술을 하고 지금은 회복중이다. 복부대동맥류는 인체내에 가장 큰 혈관인 복부 대동맥 벽이 동맥경화 등 여러 원인으로 약해져서 혈관 직경이 정상의 50% 이상 늘어나는 질병이다.

경동맥이 심장에서 머리쪽으로 올라가는 동맥이라면 복부(배)의 대동맥은 배, 골반, 그리고 다리로 혈액을 보내는 혈관이다.

정상 복부대동맥의 직경은 2.5cm 정도인데 통상적으로 3,5cm 이상으로 늘어나면 대동맥류로 진단한다. 여자보다는 남자에게서 발생률이 높다. 대동맥류는 천천히 몇해에 걸쳐 진행되는데 혈관이 터지기 전까지는 어떠한 증상도 느끼지 못한다.

필자는 20여년전부터 콜레스테롤치가 높고 동맥경화, 협심증이 있어 혈액순환개선제를 복용하는 등 약간의 불편을 겪어오다가 10여년 전 심장 혈관에 스탠트를 넣어야 한다는 진단을 받았으나 대체요법으로 치료한 후 스탠트를 넣지 않아도 된다는 진단을 받았다.

영화배우 김지미씨의 소개로 알게된 심장질환의 대가 이종구내과를 자주 다녔는데 2020년 3월경 초음파 진단결과 복부대동맥의 직경이 4,3cm로 늘어나 있어 5cm이상으로 늘어나면 위험하므로 지켜보자고 했다. 1년 뒤 3월 초 재진단 결과 5.3cm로 늘어났다며 CT 촬영을 해보자고 해서 촬영 결과 5.7cm라는 진단이 나왔다.

이종구 박사는 최근엔 캐나다에 있고 병원을 이어받은 문명호 원장이 수술해야 할 것 같다며 이 분야 우리나라 최고 명의라는 장병철박사를 소개하면서 정확한 진단을 받아 최종결정하라고 했다.

장박사는 세브란스에 있다가 정년이 되어 분당차병원에 초빙되어 근무중이다. 장박사는 심장혈관외과분야에서 6천회에 걸쳐 수술을 했다는 명의로 알려졌다. 마침 평소 절친하게 지내던 조세현 분당차병원 명예원장의 안내로 장박사 한테서 진찰을 받았다. 고맙게도 조원장의 부인이자 차병원의 소유주인 차광은박사도 함께 해주었다.

다시 X선 촬영, 초음파, CT 등으로 복부 대동맥류의 정확한 크기와 위치를 확인한 결과 지름이 6cm에 이르렀다며 즉시 수술해야한다고 진단 했다. 그래서 3월 10일 입원해 15일 수술하기로 했다. 수술의 성공 가능성은 대동맥류의 위치와 모양, 주위 혈관과 장기와의 관계, 환자의 상태에 따라 달라질 수 있다. 수술전에 온갖 검사를 거쳐 수술 준비에 들어갔다. 나이가 만 81세여서 큰 수술 하기가 그리 쉽지 않은 상태다. 매일 혈액검사, 복부상태 X선 촬영, 혈당, 혈압, 혈액 산소수치, 체온 등 온갖 검사를 했는데 다행히도 계속 모두 정상상태로 나타나 안도의 숨을 쉴 수 있었다.

장박사가 진단 첫날부터 내게 신중하게 당부한것이 있는데 호흡을 길게 들이마신 뒤 10초쯤 지나 한꺼번에 강력히 내뿜는 호흡을 계속 하라고 했다. 수술과정이나 수술 뒤 제일 영향이 큰 곳은 폐이며 폐가 약하면 수술을 잘해도 폐혈증으로 큰 문제가 생긴다는 것이다. 수술 직전 다행히도 내 혈액과 폐 상태가 아주 양호하다는 진단을 받았다.

간호사가 마지막 혈액검사용 혈액을 체취하고는 그만큼의 혈액을 추가로 체취하면서 이 혈액은 수술시 사용 한다고 일러주었다. 나는 대수술을 하는데 그정도 소량의 혈액이 무슨 보탬이 되겠냐며 반문하기도 했다. 수술뒤 정박사는 무려 다섯 번이나 내게 다른 혈액을 일체 수혈하지 않았고 그 보충혈액만으로 수술을 마쳤다고 강조했다. 같은 혈액형이라도 수술하면서 다른 사람의 혈액을 수혈하면 여기저기 부작용이 나타날 수 있다는 것이다. 수술은 당연히 전신마취를 하고 복부 피부를 절개한 후 창자들을 헤집고 들어가 척추 앞에 뻗어있는 복부 대동맥을 일시적으로 차단한 후 대동맥 15cm 이상의 길이를 제거한 뒤 인공혈관을 이식하는 것이다. 그런데 대동맥류가 양다리로 내려가는 부위까지 부풀어져 있어 사람인자(人) 모양의 혈관을 교체하는 수술이다. 수술시간은 대여섯시간 걸릴수도 있다고 한다. 그야말로 생명이 걸려있는 대수술이다. 15일 아침 정말 불안한 상태에서, 그러나 애써 편안한 마음가짐을 다짐하며 수술실에 들어갔고 전신 마취 뒤 장박사 등 의사 4명이 3시간 반 만에 수술을 마쳤다고 한다.

한참 뒤 중환자실에서 의식이 회복되자마자 엄청난 통증이 쏟아지기 시작했다. 물론 무통주사를 꽂고 있었지만 어찌할 수가 없는 아픔이었다. 하루 뒤 내 입원실로 옮겼다. 아내가 기다리고 있었다. 코로나로 접근이 모두 차단되어 있다. 원래 내가 마음이 연약한 사람이어서 눈물이 계속 쏟아졌다. 팔 혈관에 네가지가 넘는 수액을 쏟아 넣으면서 옆으로 누워 눈을 감고 있었다. 통증은 계속되어 계속 무통 주사를 맞았지만 지나치면 회복에 지장이 있다고 한다. 그래도 통증주사는 계속 맞을 수밖에 없었다.

수술 열흘만인 24일 퇴원했다. 변비약을 준비해서 귀가했다. 그러나 수술과 관련해서는 아무 약도 주지 않고 그저 폐 운동을 계속하면서 가능한 한 많이 걸으라고 당부했다. 심장 전문의인 정박사가 인체에서 제일 중요한 것은 폐이므로 계속 폐운동을 하라고 했다. 닷새 후 29일 병원에 가서 다시 온갖 검사와 CT를 찍었다. 정박사는 CT로 혈관을 들여다보며 수술이 완벽해 전혀 문제가 없다고 재차 확언했다. 그러면서 되도록 걸으라고 권한다. 수술과 회복과정이 제대로 진행돼 정박사가 너무 고마웠다. 정말 명의중의 명의라고 생각되었다. 복부 대동맥류는 터지기 전까지는 아무런 증세가 없다. 그래서 대부분 터진 뒤 응급실에 실려오는데 10명중 6명은 병원에 오기 전에 죽고 2명은 치료 하다 죽고 한명은 심각한 부작용으로 시달리고 겨우 한명 정도가 살아난다고 한다. 우리나라에서도 이 환자가 적지 않다는데 술 담배를 하고 동맥경화가 있는 경우 복부대동맥류 검사를 꼭 해볼 필요가 있다. 그 뒤로 장박사 부부와 아주 절친하게 지내고 있다. 식사도 함께하고 운동도 함께한다. 어느덧 내 주치의가 되어버렸다.

신은 다시 일어나는 법을 가르치기 위해 인간을 쓰러뜨린다는 말이 있다. 이런 시련에서 배우고 시련과 동행하는 것이 인생이 아닐까. 그러면서 몇 가지를 가슴 깊이 새겼다. 앞으로 두려워하거나 한숨 쉬는 시간은 갖지 않겠다는 것. 죽음을 두려워하면 여러번 죽지만 두려워하지 않으면 단한번 밖에 죽지 않는다. 그 다음은 줄기차게 걷는 것이다. 그리고 마지막으로 얼마 되지 않지만 갖고 있는 돈은 쓰고 가자는 것이다. 억지로라도 웃으면 면역력이 높아진다고 한다. 그러니 한숨 쉬지 말고 웃자, 그리고 걷자, 그리고 쓰자.

동아일보 동우회보 제78호 2021년 5월 11일

노화시계 거꾸로 돌리는 '회춘약' 텔로머라제

중국 천하를 통일했던 진시황도 불로초를 구하지 못하고 49세에 죽었다. 알렉산더 대왕도 끝내 젊음의 샘물 (Fountain of Youth)을 찾지 못했다. 최근에는 미국 애플, IT 분야의 신화적 인물 스티브잡스도 56세의 나이에 췌장암으로 죽었다. 삼성의 이건희 회장도 오랜 투병 끝에 78세에 사망했다.

노화는 막을수 없는 것인가. 어쩔수 없이 고통없는 웰다잉(well-dying)만을 준비해야 하는가. 1800년대 조선 시대 평균수명이 35세 이하였는데 불과 1백~2백년이 지난 오늘날 한국인 평균수명은 남성 78세, 여성 85세로 근 50년이 늘어났다.

과학과 의학, 특히 바이오분야의 엄청난 발전으로 수명이 계속 늘어나 앞으로는 150세 넘어까지도 내다보고 있다. 지금까지는 130세가 한계치이지만 새로운 약품과 의술이 계속 개발돼 예측하기가 쉽지 않다. 지금 세계 최첨단 의술은 노화를 자연현상이 아니라 질병으로

본다. 질병이라면 고칠 수 있다는 것이다. 이 질병을 고치면 인간의 생명은 연장되고 나아가 젊어져서 건강하게 200세, 아니 500세까지도 살 수 있다는 것이다.

2009년 염색체 끝 부위의 텔로미어 길이가 늘어나면 수명이 연장되고 젊어진다는 연구로 3명의 과학자들(캘리포니아대 블랙번 교수, 존 스홉킨스대 캐롤 교수, 하버드의대 조스탁 교수)이 노벨의학상을 수상했다.

이 텔로미어 길이를 늘리는 몸안의 텔로머라제라는 효소가 바로 불로장생 약이라는 것이다. 현대 의학의 급속한 발전은 불로장생약이 우리 몸 안에 있다는 것을 알아냈다.

2011년 미국 하버드 의과대학팀은 텔로머라제 효소를 발현하여 늙은 쥐를 젊은 쥐로 만들고 나이먹은 암컷 쥐가 다시 임신하게 만들고 수컷 쥐는 흰머리가 검은 머리로 바뀌고 강한 힘을 가진 쥐로 만들었다고 한다. 인간이 건강하게 젊어지고 오래 살 수 있다는 것이 실험실에서는 입증된 것이라고 할 수 있다.

노화란 유전정보를 담고있는 염색체로 이루어진 세포가 노화된다는 의미다. 텔로미어(Telomere)는 생물학적인 노화 시계로 불린다. 텔로미어는 그리스어의 '끝(Telo)'과 '부위(mere)'의 합성어로 염색체 말단에 붙어있는 염기서열 부위다. 텔로미어는 세포분열이 진행될수록, 즉 노화가 진행될수록 길이가 짧아지고 길이가 소멸되면 생물체는 죽는다. 그런데 텔로미어 길이를 지속적으로 길게 만든다면 세포는 재생되고 다시 젊어지게 된다.

인간의 세포에는 이 텔로미어 길이가 짧아지는 것을 막아주고 길게 만들어 주는 단백질 효소인 텔로머라제가 있다. 이 텔로머라제라는 효소를 활성화시키기만 하면 텔로미어 길이가 길어져서 노화를 멈추고 젊어 진다. 문제는 이 텔로머라제라는 효소를 어떻게 활성화 시킬 것인가이다.

미국 시에라 사이언스 연구소의 바이오기술 전문가 빌 앤드루스 박사는 1997년 인간 텔로머라제의 활성화가 텔로미어 길이를 늘릴 수 있다는 발견으로 미국 발명가상을 수상했다. 그후 미국 제론 생명공학회사에서 앤드루스 박사를 연구책임자로, 뒤에 노벨상을 수상한 블랙번 교수 등 세계적인 연구진의 연구로 2001년 세계 최초의 '회춘약' TA-OO(텔로머라제 활성제)을 내놓았다.

이 TA-OO의 주원료는 신기하게도 우리가 삼계탕에 넣어 기운을 북돋는 약재인 황기 뿌리 추출물의 단일 분자 중의 하나로 텔로머라제 효소를 활성화시키는 것이다.

이 제품은 그후 20년간 '아는 사람들만 먹는다'는 부호들의 고가 건강기능식품으로 알려져 왔다. 미국의 빌 앤드루스 박사팀은 TA-OO의 300배 효과가 있다는 TAM-OOO를 2018년에 출시했고 그보다 활성도를 2배 더 높인 TAM-OOO 프리미엄을 2021년에 출시한 것으로 알려졌다.

지금 미국, 일본에서 많이 팔리고 있다고 한다. 한국에서도 요즘 재력가들은 물론 일반인들도 이 기능식품을 먹고 있다. 미국에서는 생명을 연장하고 젊어지는 약을 만드는 바이오 회사들이 속속 생겨나고 있다. 대표적인 회사가 세계 최고의 IT기업인 구글이 2013년에 만든 칼리코(Calico)다. 초기에 1조8천억원을 투입했고 매년 3조씩 투자하면서 비밀스럽게 회사를 운영하고 있다고 전해진다. 이 프로젝트에 세계적 천재라는 미래학자 레이 커즈와일 등 최고 수준의 연구진들이 참여하고 있다고 한다.

2018년 하버드 의과대학의 데이비드 싱클레어 교수는 그의 책 '노화의 종말(하버드의대 수명혁명프로젝트)'에서 노화의 원인을 제거하고 현재의 바이오 기술, 수명 프로그램, 회춘 건강기능식품을 사용한다면 150세까지 살 수 있다고 밝혔다.

면역줄기세포 및 텔로미어 전문가들이 텔로미어 길이를 늘려 건강하게 살기 위한 텔로미어 건강법을 제시한다.

첫째, 건강이 유지될 만큼의 최소한의 식사(간헐적 단식 포함)를 한다.

둘째, 텔로미어 식습관을 실천한다. 목초를 먹고 자란 동물, 달걀, 생선, 알레르기를 일으키지 않는 식물성 단백질을 섭취한다. 튀긴 음식은 절대 먹지 않는다.

셋째, 지속적인 운동을 한다. 가벼운 운동은 물론 신체 내부가 힘들 정도의 격렬한 운동도 한다.

넷째, 검증된 텔로미어 건강기능식품을 먹는다.

다섯째, 현재의 건강 상태, 실제 생체나이를 파악해야 하기 때문에 검증된 연구소에서 자신의 텔로미어 길이를 측정한후 문제점을 파악하고 텔로미어 길이를 길게하기 위한 노력을 지속적으로 해야 한다.

평소 질 좋은 음식을 먹고 명상 등 스트레스를 피하는 마음훈련을 하고 잘 자면서 텔로미어 건강법을 실천한다면 우리 모두 150세 이상 살 수 있지 않을까.

동아일보 동우회보 제79호 2021년 7월 12일

노년의 최고 건강비결은 우(友)테크

코로나 팬데믹으로 전 세계가 그야말로 대혼란을 겪고 있다. 모두 빨리 일상으로 돌아가기를 바라는 마음만 간절하다. 이젠 인류에게 뉴 노멀이 다가오고 있다. 이 대재앙 속에서 살아가려면 거의 모든 것이 근본적으로 바뀌어야 한다. 어차피 AI의 쾌속질주로 인간의 삶이 바탕부터 대변혁이 진행되어 가고 있다.

일하는 방식, 음식섭취, 운동 방법, 쇼핑, 건강 관리, 아이들 교육, 가족 돌보는 방법, 그리고 사람들과 어울리기 등등. 그중에서도 가장 중요한 현상은 그렇지 않아도 혼밥, 혼숙 등 나 홀로 살아가는 패턴으로 변해가는 일상생활이 앞으로 더욱 고립되어 가는 것이다. 거기에 디지털, 핸드폰, CCTV, AI 등으로 감시받고 사는 인간의 삶이 앞으로는 완전히 '검열' 받는 상태에서 연명해야 한다.

내가 언제 어떤 장소에서 누구와 무엇을 어떻게 하는지 관계 당국에서 속속들이 알고 있지 않은가. 어차피 결혼도 않고 자식도 안 낳는

판에 '독감방'에서 포퓰리즘 정권에서 찔금찔금 내려주는 보조금이나 받고 연명해야 할 것인가.

정말 앞으로 우리는 어떻게 살아가야 할까. 점심시간에는 4인 이내, 저녁 시간에는 2인 이내에서 만나야 하는 상황. 그저 집안에서 TV나 보고 카톡이나 들여다보는 수밖에 다른 별다른 뾰쪽한 방법이 없지 않은가.

조부모, 부모, 아들, 딸, 손자, 손녀, 형제 자매, 그 누구도 쉽게 만날 수 없지 않은가. 결혼식 장례식은 물론 가보고 싶은 어떤 모임에도 갈 수가 없다. 특히 보고 싶은 친구들도 만나기 어렵다. 펜데믹이 아니라도 세상이 그 방향으로 대전환이 진행되어 가고 있다.

그러면 앞으로 어떻게 해야 할까. 필자는 어떻게든 운동은 계속해야겠다고 생각해 나름 힘쓰고 있다. 그런데 일행중 80대 중반의 한분이 항상 너그럽고 편안한 모습, 행복한 표정으로 수시로 전화를 받고 전화를 걸고 있다. 전화를 걸어오는 쪽은 대부분 아들, 딸, 손자들이고 전화를 하는 대상은 친구들이었다. 친구들 중에는 집안 문턱이나 화장실에서 넘어져 치료를 받고있거나 암 등 각종 질환으로 입원, 또는 회복중인 분들도 있다.

이분이 강조하는 이야기는 한마디로 나이 들어서 우(友)테크를 하라는 것이다. 많은 사람들이 지금껏 앞만 보고 달려오면서 돈 버는데만 귀를 쫑긋 세우고 친구 사귀는 법은 등한시해왔는데 재테크에 쏟

201

는 시간과 노력의 몇십분의 일만이라도 세상 끝까지 함께할 친구들을 만들고 친구들끼리 연결하고 관리하는 일에 정성을 쏟아야 만년에 건강하고 행복한 삶을 살 수 있다고 강조한다.

우테크야말로 최고의 건강비법 아닐까. 세계적인 부호 월마트의 창업자 샘 월튼이 만년에 자신은 생을 아주 잘못 살았다고 후회했다. 임종이 가까워져 자신의 삶을 되돌아보니 그에게는 친구라고 부를 수 있는 사람이 단 한명도 없었다고 한다.

돈이 아무리 많아도 곁에 친구가 한 명도 없으니 참으로 불행한 삶이 아닐까. 어쩌면 가족보다도 더 허물이 없고 더 가까운 사이가 친구가 아닌가. 얼마 전 세계적 부호이며 오마하의 현인 워렌 버핏의 일화가 여러 매체에 소개되었다. 그 내용을 다시 살펴본다. 미국 네브래스카대학에 다니는 여대생이 경제전문지 포춘이 주최한 강연회에서 연사인 버핏에게 '지금의 위치에서 과거의 교훈들을 되돌아 볼 때 인생의 성공을 어떻게 정의하겠습니까'하고 물었다. 이에 버핏은 주저함이 없이 대답했다.

"어떤 사람들은 성공이란 원하는 것을 많이 얻는 것이라고 생각합니다. 하지만 내 나이가 되면 다릅니다. 당신이 사랑해주었으면 하는 사람이 당신을 사랑해주면 그게 성공입니다. 당신은 세상의 모든 부를 얻을 수 있고 당신의 이름을 딴 빌딩을 수도없이 소유할 수도 있겠죠. 그러나 사람들이 당신을 생각해주지 않는다면 그건 성공이 아닙니다."

버핏은 이어서 이런 생각을 가지게 된 배경을 덧 붙였다. "오마하에 '벨라 아이젠버그'란 여성이 있었습니다. 폴란드계 유대인으로 제2차 세계대전때 아우슈비츠수용소에 수감된 경험이 있었죠. 그녀가 세상을 떠나기 몇 년전에 내게 이렇게 말했습니다. '워렌, 나는 친구 사귀는 것이 매우 더뎌요. 왜냐하면 사람들을 만날 때마다 속으로 이런 질문을 하거든요. 저 사람은 나를 숨겨줄까하고 말이에요.' 당신이 70이나 75세가 되었을 때 주위에 당신을 숨겨줄 만한 사람들이 많다면 성공한 거예요. 반대로 아무도 당신이 어떻게 되든 신경을 쓰지 않는다면 당신이 아무리 돈을 많이 가졌더라도 성공한 것이 아닙니다." 버핏은 학교를 같이 다녔다든가, 나이가 비슷하다고 친구가 되는 것은 아니라고 강조했다. 버핏은 빌게이츠가 25세나 어려도 친구로 지냈다.

그는 "이성 간에도 물론 친구가 된다. 여성이어도 좋고 남성이 어도 좋고 나보다 나이가 많아도 좋고 어려도 좋다. 다만 인품이 강물처럼 맑고 은근하며 인생을 소중히 여기면서 서로를 아껴주면 된다. 어떤 사람은 친구가 많다고 자랑하는데 친구가 꼭 많아야 하는 것은 아니다"라고 말했다. 친구가 적더라도 우정이 살아있는 친구여야 한다는 것이다.

필자도 친구가 있지만 그 친구들이 진정한 친구일까 생각해보면 자신이 없다. 왜냐하면 내가 그들에게 진정한 친구가 되려고 노력한 적이 별로 없다고 생각되기 때문이다.

동아일보 편집국, 논설위원실에서 근무할 때, 그 후에도 많은 경우 친구에게서 전화가 오면 바쁘다는 이유로 그의 이야기를 진심으로 경청해주지 못한 경우가 많았다. 솔직히 말해 무슨 부탁이나 무엇을 바라는 것은 아닌가 하는 선입견이 앞섰다. 그런데 이제는 별로 하는 일도 없어서 친구와 통화를 하려 해도 연락이 잘되지 않고 벌써 많은 친구들이 이 세상에 존재하지를 않는다.

노년의 건강에 가장 중요한 것은 고립에서 벗어나는 것, 외로움에서 해방되는 것이다. 친구와 통화하고 만나서 안부 묻고 근황 이야기하고 웃고 떠드는 것이다. 거기에 맛있는 음식 함께 먹고 가능하면 한 잔 정도 술도 마시고 산책도 하는 것이다.

가족과는 도저히 할 수 없는 이야기나 경험 등을 친구와는 터놓고 말할 수 있다. 우테크의 제1과제는 '내가 먼저 연락하라'이다. 오랫동안 끊겨 있었는데 새삼 연락하기가 편치 않게 생각될지 모르지만 그런 생각 떨쳐버리고 연락하면 생각보다 훨씬 반갑게 응대해 온다. 왜냐하면 그 친구도 연락하고 싶었어도 그런 생각에 먼저 연락하지 못하고 있었기 때문이다. 아무한테서도 전화가 오지 않고 또 전화할 친구가 없다고 생각해보자. 얼마나 삭막하고 처참한가.

우테크 제2과제는 '먼저 제안하라'이다. 대부분 우연히 마주친 친구에게 '언제 한번 만나자'라고 말하고 돌아선다. 그러나 노년에는 그

것이 마지막 만남이 될 수도 있다. 미룰것이 아니라 그 자리에서 점심 약속을 잡아야 한다. 다음날 전화나 문자로 연락해도 된다.

제3과제는 친구들의 작은 모임에서도 '총무를 맡아라'이다. 나오라는 곳이 있으면 무조건 나가야 한다. 평생 '갑(甲)'으로 살아온 사람들일수록 퇴직하면 더 외롭게 지내는 경우가 허다하다. 남들이 만나자고 하는 약속만 골라서 만났기 때문이다. 이제 그런 것 내려놓고 봉사하는 자세로 다음 만날 시간 장소 정하고 회비 관리도 맡는 것이 좋다.

이런 일이 귀찮을지 몰라도 그런 작은 봉사를 자처할 때 친구가 늘어난다. 다음은 친구 사귀는데 '남녀노소 가리지 말아라'이다. 나이가 들면 동년배 찾기도 쉽지 않다. 필자의 경우 자식들 연배들과도 자주 만나 식사도 하고 운동도 한다. 그다음은 '매력을 유지하라'이다. 가능하면 깨끗하고 멋진 옷을 입고 신발도 운동화로 바꿔 신어라. 동성끼리도 매력을 느껴야 오래 간다.

또 몸이 열 냥이라면 눈이 아홉냥이라는데 백내장, 녹내장, 자외선 등으로부터 보호하기 위해 선그라스를 껴야 한다. 껴보면 모습이 확 달라진다. 그리고 '짜따까빠', 짜증내지 말고 따지지 말고 까다롭게 굴지 말고 모임에 빠지지 말자. 내가 만날 친구가 없다면 그건 살아있는 송장이나 다름없다.

동아일보 동우회보 제80호 2021년 9월 13일

우울증환자는 자살로 자신에게 복수한다

필자는 성장기에 도스토예프스키, 로망 롤랑, 앙드레지드, 토마스 만, 헤르만헤세, 니체, 릴케 등에게서 많은 영향을 받았지만 60~70여 년을 두고 작품의 첫 구절이 잊혀지지 않고 아프게 남아있는 것이 있다. 그것은 알베르 카뮈의 '시지프스의 신화'다.

'참으로 중대한 철학적 과제는 오직 하나밖에 없다. 그것은 자살이다. 인생이 살아갈 만한 가치가 있느냐 없느냐를 판단하는 것, 이것이 곧 철학의 근본 문제이기 때문이다. 자살한다는 것은 애써 생존 할 가치가 없다고 고백하는 것이다.'

우리나라 연간 사망자는 30만명 정도인데 사망원인 1위는 암, 다음이 심장질환, 폐렴순이다. 최근 코로나로 온 세상이 요란하지만 2020년도 우리나라 코로나 사망자는 950명으로 전체의 0.3% 수준이다. 그런데 자살은 1만3천여명으로 하루 36명 이상이 자살했다. OECD 회원국중 가장 높은 수준이며 평균 2배가 넘는다.

이 지구상에서 가장 소중한 것 한가지를 들라고 하면 그것은 돈도, 명예도, 사랑도 아니고 생명이 아닐까. 사실 생명에는 그 모든 것이 함축되어 있다. 슈바이처박사는 아프리카에서 밤에는 책을 읽지 않았다고 한다. 램프에 나방 등이 몰려들어 타죽기 때문이다. 그는 합당한 이유 없이는 풀 한포기 캐지 않았고 꽃 한송이 꺾지 않았다고 한다.

삶에 대한 흥미나 관심을 잃어버리는 것, 그것이 우울증의 핵심 증상이다. 우울장애의 가장 심각한 증상은 자살이다. 우울증 환자의 약 3분의 2가 자살을 생각하고 그중 15% 정도가 실제로 자살로 이어진다. 상당수의 우울증 환자는 자신이 우울증 환자인것을 알지 못하고 일상생활에서 상당히 위축되어 기능이 떨어질 때까지도 자신의 우울증 상태에 대해 주변에 호소하지 않는다. 우울증 환자는 무기력감, 삶에 대한 에너지 상실상태에서 지낸다.

이들은 일을 끝까지 마치는데 어려움을 호소하고 학업 및 직장에서 정상적인 진행과정에 장애를 느끼고 새로운 과업을 실행할 동기를 갖지 못한다. 우울증 환자 80% 정도가 수면 장애를 호소하는데 특히 아침까지 충분히 잠을 자지 못하고 일찍 깨거나 자다가 자주 깨는 증상을 보인다.

많은 환자가 식욕감소와 체중저하 상태를 보인다. 특히 불안 증상이 아주 심하다. 거의 90% 정도에서 나타난다. 성욕 저하 문제도 생긴다. 상당수의 환자가 하루 동안에도 증상의 변화를 보이는데 일반적으로 아침에 증상이 심했다가 오후에는 좋아지기도 한다. 집중력이 떨어지는 인지기능 저하 증상도 나타난다.

일부 환자 중에는 신체 이상 증상을 호소하기도 한다. 이 경우 계속 내과적 검사를 시행해도 명확한 원인은 나오지 않아 우울증 진단이나 치료가 늦어진다.

원인이 명확하지 않은 신체 증상이 지속될 때는 우울증세를 의심해 보아야 한다. 미국정신의학회의 우울증 진단기준에 따르면 다음의 증상 가운데 다섯 가지가 2주 연속 지속되는 경우 우울증에 해당된다.

(1) 하루 중 대부분, 그리고 거의 매일 지속되는 우울한 기분(슬픔, 공허함, 절망감)을 주관적으로 느끼는 경우와 눈물 흘림등 객관적으로 관찰되는 경우 (2) 거의 매일 모든 일상 활동에 대해 흥미나 즐거움이 뚜렷하게 저하되는 경우 (3) 체중 조절을 하고있지않은 상태에서 의미있는 체중의 감소(예, 1개월 동안 5%이상의 체중 변화)나 체중의 증가, 거의 매일 나타나는 식욕의 감소나 증가(아동에서는 체중 증가가 기대치에 미달 되는 경우) (4) 거의 매일 나타나는 불면이나 과다수면 (5) 거의 매일 나타나는 초조나 좌불안석 등 (6) 거의 매일 나타나는 피로감이나 활력의 상실 (7) 거의 매일 무가치감 또는 부적절한 죄책감을 느낌 (8) 거의 매일 나타나는 사고력이나 집중력의 감소, 또는 우유부단함 (9) 죽음에 대해 생각하거나 반복되는 자살 시도, 또는 자살 수행에 대한 구체적인 계획 등.

이중 특히 우울증과 불면증은 아주 깊은 관계에 있다. 우울증에 걸리면서 불면증이 발생할 수 있고 불면증이 시작되면서 우울증에 걸리게 된다. 우울장애 치료는 약물 치료와 함께 정신치료를 함께 하는 것이 가장 효과적인 치료방법이다. 이외에도 전기 경련 요법과 광선치료 등이 활용되고 있다. 최근에는 자기로 자극하는 rTMS 치료가 효과가 있음이 보고되고 있다.

약물 치료는 항우울제 개발에 뚜렷한 진전이 있어 과거에 주로 사용하던 약물에 비해 부작용이 적으며 충분한 효과가 나타나고 있다. 신경전달 물질 체계에 따라 SSRI, NDRI, SNRI 등 다양한 약물들도 개발되었다. 항우울제는 일반적으로 효능이 수주가 지나야 나타나므로 최소 4~6주 정도 복용해야 한다. 약물 용량을 늘리거나 약물 교체 등으로 인해 호전 기간이 길어질 수도 있다. 중도에 포기하지 않고 치료에 임하는 것이 중요하다. 증상이 좋아진 후에도 약물 유지 요법이 재발 방지를 위해 중요하다. 최소 6개월 이상 약물 복용을 해야 한다.

우울증 예방법은 스트레스를 잘 조절하고 위기의 기간에 좋은 교우나 좋은 가족 관계 유지가 중요하다. 주변의 관심과 지지해주는 움직임도 큰 효과를 볼 수 있다. 가장 중요한 것은 초기 증상 때 자신이 잘 조절해야 하고 바로 치료도 받아야 한다.

재발 예방도 전문가의 적절한 치료를 받는 것이 매우 중요하다. 식이요법을 보면 술이나 담배, 불법적 약물 등은 우울 증상을 악화시키므로 절대로 피하고 운동 등 신체적 활동을 계속해야 한다. 운동은 우울 증상 해소에 절대적 효과가 있다. 걷기, 수영 등 자신이 즐길 수 있는 운동을 지속적으로 할 것을 권장한다.

영국은 2018년 고독은 국가가 나서서 대처해야 할 사회문제라며 내각에 고독부를 신설했다. 일본도 내각에 고독, 고립대책상담실을 설치해 장관이 관장 한다. 고독은 하루 담배 15개피를 피우는 것보다 더 해롭다고 한다. 우리나라는 세계 자살 '1등 국가'다. 자살과 직결되는 우울증이나 고독 문제를 담당하는 기구가 절실하다. 행복의 반대어를 정의한다면 필자는 우울이라고 생각한다. 우울은 육신이 살아있음에도 죽어있는 느낌을 갖게 한다. 우울증 환자는 자살함으로써 자신에게 복수한다. 그것은 가족과 친지에게도 해당 한다.

동아일보 동우회보 제81호 2021년 11월 15일

겨울 이겨내는 모자·목도리·운동화·근육운동

플루타르크 영웅전에 이런 내용이 있다. '어떤 도시에서는 추위가 하도 심해서 말하자마자 말이 얼어붙는데, 겨울에 말하면 그다음 해 여름에 그말이 녹아서 듣게 된다.'

매서운 추위는 거의 죽음이라고 할만하다. 온난화 현상으로 따뜻한 겨울이라고 하지만 역시 겨울은 춥다. 특히 노인들에겐 더욱 그렇다.

역시 노인은 겨울에 집밖으로 나서려면 모자를 쓰고 목도리 두르고 장갑, 귀마개, 마스크를 쓰고 따스한 운동화를 신어야 한다. 그중에도 첫째가 목도리다. 뇌 부위는 자율 조절 능력이 상대적으로 발달해 있는 반면 목은 체온 조절 능력이 떨어지므로 목부터 먼저 보호해야 한다. 목 부위에는 뇌로 올라가는 굵은 경동맥(頸動脈)이 있는데 이 혈관이 수축되면 뇌에 혈액이 제대로 공급되지 않아 노약자의 경우 뇌중풍 같은 치명적 위험이 발생할 수 있다. 외부의 강추위에 머리가 아픈 증세를 느낀다면 뇌중풍의 경고 신호일 가능성이 있다. 바로 실내로 들어와 방한 장비를 갖추거나 가능하면 아예 실내에 머물러야 한다. 목도리는 따뜻하기도 하지만 의복이나 모자 색깔에 잘 어울리는 컬러를 선택해 착용하면 돋보인다.

머리도 중요하다. 노인들은 의외로 운동모나 중절모 같은 모자를 쓰는 것을 탐탁지 않게 여기거나 쑥스럽게 생각하는 경우가 많다. 오히려 젊은층은 야구모자를 비롯, 운동모를 쓰고 강의실이나 식당을 스스럼없이 출입하는데 중년층이나 노년층에서는 중절모 같은 모자를 쓰는 경우가 아주 드물다. 나이가 들수록 모자를 꼭 써야 한다.

심장병 전문의들은 겨울철 외부 기온이 5°C 내려가면 심근경색증 발병률이 5% 상승하기 때문에 겨울철 체온 관리에 유의할 것을 강조한다. 추운 겨울 아침에 고령자들이 문밖에 있는 조간신문을 가져오려고 잠깐 나갔다가 뇌졸중 같은 '큰일'을 당하는 경우도 있다. 고령자들의 뇌 속에 있는 '체온 관리 센터'가 옥외의 찬 공기에 민감하게 반응하면서 심장에서 '먼곳'에 있는 사지의 모든 혈관이 갑자기 수축되어 혈액을 한꺼번에 심장으로 보내는 현상이 일어난다. 이것이 심장 쇼크로 연결되기도 한다. 모자를 쓰지 않은 '맨머리'는 뚜껑 없는 밥솥이나 마찬가지다. 여러 임상적 관찰에 따르면 추운 겨울철에 모자를 쓰면 그렇지 않은 때에 비해 체온에 약 2°C의 차이가 난다. 두꺼운 내복을 입은 것과 같은 보온 효과다. 목도리는 3~4°C 차이가 난다. 목도리와 모자가 머리부위를 통해 생길 수 있는 탈온(脫溫) 현상을 방지해준다는 의미다.

모자 목도리 다음으로 운동화를 적극 권한다. 우리 몸의 가장 밑바닥에서 보통 자기 몸무게보다 20% 더 많은 무게를 지탱하고 있는 것이 발이다. 발을 편안하고 따뜻하게 유지해야 한다. 필자도 평생 구두만을 신다가 3~4년 전 아이들이 사다 준 운동화를 신기 시작해서 중요한 행사일이 아니면 운동화를 즐겨 신는다. 운동화는 체중의 충격을 약 50% 흡수해준다. 우선 가볍고 편안한 걸음으로 걷다 보니 구두 신고 싶은 생각이 없어졌다.

허리디스크 파열로 인한 좌골신경통이나 다이어트 운동 후유증으로 생긴 아킬레스건염, 족저근막염 등의 통증이 훨씬 덜 느껴진다.

운동화는 발에 딱 맞는 것을 골라야 한다. 운동화를 신은 다음 엄지손가락으로 엄지발가락 끝을 눌러보아 신발 앞 끝부분이 눌리는 정도여야 한다. 엄지발가락이 가볍게 약간 눌리는 정도가 적당하다. 엄지가 쑥 들어 가면 신발이 너무 큰 것이다. 신발은 저녁 무렵에 구입해야 한다. 발은 아침에 잠자리에서 일어났을 때 가장 작고 저녁 무렵에 5~10㎜ 커지는 경향이 있다. 양쪽 발 크기가 다를 수도 있는데 큰 발 사이즈에 맞춰야 한다.

운동화와 함께 바른 걷기운동도 중요하다. '보생와사(步生臥死)', '걸생누죽'은 이제 일반상식이다. 걷는 것을 기피하고 있다면 정말 '희망 없는 인류'다. 걷는 것도 배울 필요가 있다. 부자연스러운 보행

운동은 무릎에 무리를 주어 무릎 관절염이 생길 가능성이높다.

우리 몸에서 가장 소중한 발 관리도 중요하다. 발의 피로를 덜어주기 위해서는 짬짬이 발을 건강하게 해주는 동작이 필요하다. 발 건강은 몸 전체 건강에 커다란 영향을 미친다. 앉아있거나 누워있을 때 발가락을 위로 아래로 50회 이상 움직여준다. 잠들기 전에 해도 좋다. 기회 있을 때마다 계단 끝에서 발가락으로 서기도 해준다. 이 행동은 발은 물론 종아리 전체에 힘이 들어가 다리운동 효과를 가져올 뿐 아니라 몸을 곧게 만들어 온몸 근육 이완에도 도움이 된다.

체내 근육이 줄어들면 춥고 근육이 많아지면 체온도 올라간다. 평소 체온 상승에 도움이 되는 습관을 실천하는 것이 바람직하다. 가장 좋은 방법은 근육 키우기다. 근육은 체내 열을 만드는 공장이다. 체열의 40% 이상이 근육에서 만들어진다. 사람이 움직이는 과정에서 근육이 수축·이완을 반복하며 열을 낸다. 근육이 부족하면 혈액이 몸 구석구석 퍼져나가지 못해 체온 조절이 잘 안 된다. 심장에서 만들어진 따뜻한 혈액은 근육의 움직임을 통해 전신으로 퍼져나가는데 근육이 감소한 노인이나 체중을 심하게 줄인 사람은 추위를 유독 잘 타게 된다. 아무리 노인이라도 근력만 키우면 춥지 않은 겨울을 보낼 수 있다.

과식을 피해야 한다. 많은 양의 음식을 소화하기 위해서는 위장으로 혈액과 에너지가 집중된다. 근육, 뇌 등으로 가야 할 혈액이 줄어들면서 체온이 떨어지게 된다. 단백질 식품 섭취도 중요하다. 음식을 먹으면 일정 비율이 열을 내는데 쓰이는데 단백질이 다른 성분에 비해 그 비율이 높다. 지방은 섭취량의 3%, 탄수화물은 8%만 열을 내는 데 쓰이지만 단백질은 25%나 된다. 단백질은 그 자체가 열을 낼뿐 아니라 단백질을 먹어 근육이 늘어나면서 체온이 유지된다. 닭고기 우유 생선 등이 좋다. 음식을 여러 번 씹어 먹으면 체온이 높아진다. 음식을 씹는 과정에서 머리와 얼굴 전체에서 열이 발생한다.

동아일보 동우회보 제82호 2022년 1월 17일

암에 걸리지 않고 장수하는 30가지 습관

'의사에게 살해당하지 않는 47가지 방법'이란 저서로 세상을 깜짝 놀라게 했던 세계적인 암학자 곤도 마코토교수가 이번엔 '암에 걸리지 않고 장수하는 30가지 습관'을 펴냈다.

일본에는 100세 고령자가 수만명 있는데 사후에 해부해 보면 거의 모든 사람에게서 암이 발견된다고 한다. 전립선암만 해도 80대 남성 중 90%나 된다. 그런데 암을 눈치채지 못하고 오래 살다가 편하게 세상을 떠나는 사람이 의외로 많다. 장수하는 30가지 습관을 살펴본다.

① 의사를 멀리한다-참을 수 없는 통증이 없는한 의사를 가까이하지 않는다. 필요없이 건강검진이나 단기 입원 종합검사도 받지 않는다. 병원에 가지 않으면 암이 발견되지 않을 것이고 치료를 받을 일도 없다. 홋카이도 유바라시가 재정파탄으로 병원 문을 닫자 일본인의 3대 사망원인인 암, 심장병, 폐렴의 사망률이 낮아지고 천수를 누리는 자연사가 급증했다. 나가노 현은 20년 전부터 의사 수, 병원 침

상 수, 입원 건수, 입원 일수가 전국에서 가장 적은데도 일본 내 최고 수준의 평균 수명을 기록했다.

② 검사를 받지 않는다-암 검진의 가장 큰 문제는 사소한 변화까지 암으로 의심해 정밀검사나 치료를 재촉한다. 자궁경부암으로 사망하는 사람보다 수천 배나 많은 사람들이 '이상'이 발견돼 정밀검사를 받는다. 그리고 의사가 절제 수술을 해버려 수명이 단축되는 경우가 적지 않다. 밥을 맛있게 잘 먹고 잘 지내는데 검진으로 암이 발견된다면 대개 유사암이다. 치료할 의미가 없다. 피가 섞인 가래나 기침, 음식을 삼키기 어려운 증상이 나타나면 진짜 암일 확률이 높다. 이 경우 몸을 상하게하지 않는 방사선이나 고주파전류, 스텐트 등의 대처법을 찾아야 한다. 미국에서는 의사 50여만명이 참여하는 '불필요한 의료추방' 운동이 일어나고 있다.

③ 유사암에 당황하지 않는다-일본인 두명 중 한명은 살아있는 동안에 언젠가 암이라는 진단을 받는다. 그 중 가짜인 유사 암이 매우 많다. 병변이 발견되면 의사는 세포를 떼어내어 현미경으로 세포 크기, 모양, 배열 등을 확인해 생김새가 나쁘다고 판정되면 암 진단을 내린다. 그러나 생김새가 좋지 않은 세포가 실제로는 전혀 문제가 없고 잘 정돈된 세포가 흉악할 수 있다. 그러나 의사는 의심스러운 것은 모두 암으로 치부하고 만다. 증상이 없는데 발견되는 암은 90% 이상 유사암이다. 내버려두면 사라지는 경우가 많다. 종양을 암으로 진단해

수술해 고통받다가 일찍 죽는 경우가 허다하다.

④ 약을 먹지 않는다-나이 들면서 약 안 먹는 사람은 거의 없다. 혈압강하제만 해도 70대만 되면 50% 이상이 복용한다. 혈압, 콜레스테롤, 혈당치 낮추는 약으로 수명이 늘었다는 자료는 전무하다. 오히려 암, 뇌경색, 치매의 원인이 된다. 약을 끊은 사람들이 "오전에는 항상 멍했는데 이젠 아침부터 괜찮다. 밥이 맛있다. 다리도 후들거리지 않는다"고 말한다.

⑤ 살을 빼지 않는다-많은 암 환자들이 칼로리가 낮은 음식으로 식단을 바꾼다. 살이 빠지면 암에 대한 저항력이 떨어져 암이 기승을 부린다. 암을 진단받으면 살을 찌워서 체력을 키우는 것이 중요하다. 살빠지는 식사법은 수명을 단축시킨다.

⑥ 담배는 끊고 술은 적당히-담배 연기에 포함된 화학물질 가운데 인체에 해로운 것이 250가지. 그중 발암성이 의심되는 것이 50가지가 넘는다. 담배 연기, 간접 흡연, 전자담배 모두 그 자체로 암을 일으킬 수 있다. 비흡연자에 비해 폐암으로 사망할 위험이 4배이상 높다.

⑦ 커피와 코코아를 마신다-2016년 세계보건기구는 논문 1천여 편을 조사한 결과 커피의 발암성은 인정할 수 없고 오히려 몇몇 암의 발병률을 낮출수도 있다고 발표했다. 하루 2.5잔의 커피로 대장암 발병률이 반감되었다는 조사가 있고 당뇨, 심혈관, 치매, 알츠하이머 발병률이 낮아진다는 연구결과도 있다. 세계 최고령자로 122세에 사망

한 프랑스의 잔 칼망 할머니는 매주 900g의 초콜릿을 먹었다.

⑧ CT 피폭으로부터 도망친다-원자력방사선이나 의료용 방사선이나 똑같이 위험하다. CT는 엑스선을 360도 방향에서 몸에 조사해 촬영하는데 피폭량이 엑스선 검사의 수 백배나 된다.

⑨ 헬리코박터 파일로리균을 죽이지 않는다-이 균을 없애면 위암을 막을 수 있다고 하는데 중국에서 2천명을 대상으로 비교 실험한 결과 제균(除菌)한 사람들이 제균하지 않은 사람보다 사망률이 높았다. 강한 항생물질로 장내 유익균 유해균 균형이 무너지기 때문이다.

⑩ 항암 보조제나 민간요법을 믿지 않는다-암은 유전자 병이다. 일단 변이하면 이전으로 돌아갈 수 없다. 건강 보조제나 민간요법 가운데 치료 효과가 확실하게 증명된 것은 없다. 죽음을 앞당길 수 있다.

⑪ 아침 식사를 거르지 않는다.

⑫ 7시간 숙면한다-수면 부족은 몸의 리듬을 무너뜨려 암을 부른다.

⑬ 고기도 당질도 거르지 않는다-저 영양 편식은 만병의 근원이다.

⑭ 염분 섭취를 줄이지 않는다-소금과 암, 소금과 고혈압은 전혀 관계가 없다.

⑮ 혈압과 콜레스테롤 수치를 무리하게 내리면 암을 부른다.

⑯ 혈당치를 약으로 떨어뜨릴 경우 사망자가 증가한다.

⑰ 열을 내리지 않는다-발열, 기침, 콧물 등의 증상은 면역체계가

몸을 위해 싸우고 있다는 신호다.

⑱ 모든 일에 과하게 파고들지 않는다.

⑲ 햇빛은 넘쳐도, 부족해도 암을 일으킬 위험이 높다.

⑳ 근력을 키운다-암과 치매도 근력으로 예방할 수 있다.

㉑ 검사 수치에 주눅들지 않는다-PSA가 200을 넘어도 유사암 정도다.

㉒ 표준치료를 믿지 않는다-이 치료가 학술적으로 옳다는 증거는 없다.

㉓ 암을 잘라내지 않는다-자르면 난폭해진다. 잘라도 재발하며 체력도 약해진다.

㉔ 의사에게 함부로 목숨 맡기지 말고 치료를 할지, 안 할지를 잘 검토해야 한다.

㉕ 의사의 으름장에 겁먹지 않는다-의사는 환자의 불안을 부채질해서 치료로 끌어들인다.

㉖시한부라는 말에 휘둘리지 않는다-앞으로 남은 시간을 말하는 의사는 거짓말쟁이다.

㉗ 항암제에 손대지 않는다-진짜 암은 낫지 않는다. 생존 기간도 늘어나지 않는다.

㉘ 기적의 신약 믿지 않는다-암에 특효약은 없다.

㉙ 인생을 즐긴다-몸이 움직이는한 평소처럼 생활한다.

㉚ 자연사를 목표로 한다-먹지 못하는 기아 상태에서는 뇌 내에 모르핀 상태의 물질이 분비되어 기분이 좋아진다.

동아일보 동우회보 제83호 2022년 3월 21일

수소수(水素水)는 독성산소 제거하는 기적의 물

수돗물 등 식수를 살균처리하는데 염소를 사용한다. 염소가 장티푸스나 콜레라 같은 수인성 전염병 예방에 크게 기여했다. 그런데 미국 존스홉킨스대 연구팀이 식수에 염소를 넣으면 암을 유발할 수도 있는 독성 부산물이 다량 생성된다는 연구결과를 발표했다.

평소 수돗물에 호감을 갖고 있지 않던 필자가 직접 수돗물 염소 상태를 시험해보았다. 시약을 구해 생수와 수돗물 각 한 컵에 서너 방울씩 넣어보았더니 수돗물은 금새 파랗게 변해버렸다. 생수는 원래의 그대로였다. 수돗물은 여러가지로 우리와 아주 밀접한 관계다. 일반적으로 식재료나 식기 세척 등 거의 모든 것을 수돗물에 의존하고 있지 않은가.

늙고 병드는 것의 근본 원인은 세포손상이고 질병의 90%는 세포손상을 일으키는 독성 산소가 주범이다.

암, 뇌혈관질환, 심장질환, 당뇨, 고혈압, 치매, 염증 등 거의 모든 질병이 독성 산소 때문이다. 몸을 산화시켜 녹슬게 하는 독성 산소를 제거하는 것이 건강의 지름길이다. 매일 숨 쉬며 들이마시는 산소 중 일부가 독성 산소가 되어 인체를 노화시키고 질병을 유발한다. 몸 안의 독성 산소를 제거해주는 가장 이상적인 천연 항산화제는 무엇일까.

일반적으로 토코페롤을 꼽는다. 안토시아닌 성분이 많이 들어있다는 배리류도 좋다. 각종 천연 항산화제 제품도 시중에 많이 나와 있다. 음료수로는 수소수가 각광을 받고 있다. 이 수소수가 천연 항산화제로 많은 관심을 끌고 있다.

불치병을 치유하는 기적의 물로 알려져 있는 물로 프랑스 루르드 샘물, 독일 노르데나우 물, 멕시코 트라코테 물, 인도 나다나 우물 등이 '4대 물'로 꼽힌다.

피레네 산맥 기슭 루르드 마을 주민들은 이 샘물을 마시며 살아왔는데 어떤 약물로도 낫지 않던 질병이 이 물로 깨끗하게 치유되었다고 한다. 연간 500여만명이 이곳을 찾는다. 전신마비, 암, 시각장애를 앓던 환자들이 완치되어 루르드 의료국에서 완치증명서도 발급해준다.

프랑크푸르트 동쪽 노르데나우마을 물은 체르노빌 원전사고로 백혈병을 앓는 어린이가 이 물을 마신 후 완치됐다는데 지금도 하루 수백명이 찾아온다. 멕시코시티 북쪽의 트라코테 물은 요통, 신경마비,

당뇨병 등이 치유된다는데 지금까지 800여만명이 찾아왔다고 한다. 델리 북쪽 나다나의 신비의 물을 마신 많은 사람들이 눈병, 피부병을 치료했다. 매년 50여만명이 찾는 명소가 되었다.

2007년 일본의과대학 대학원 오타 시게오교수팀이 연구한 '수소가 활성산소(독성산소)를 효과적으로 제거한다'는 논문이 미국의 과학지 '네이처 메디슨'에 게재됐다. 수소를 녹인 물이 강한 산화력을 가진 독성 산소를 제거한다는 것. 수소가 활성산소와 결합하여 질병을 막아주는 연구를 해왔던 연구기관들이 상기 4대 기적의 물을 수소 용존량을 기준으로 분석해 본 결과 일반 물에는 포함되어 있지 않은 수소가 이 물에 다량으로 포함되어 있음이 밝혀졌다.

인체는 하루 1만 ℓ 이상의 공기가 호흡을 통해 드나든다. 호흡으로 흡수되는 산소가 1500 ℓ 에 달하며 이중 2~3%는 몸 밖으로 배출되지 않고 체내에 남아 활성산소가 된다.

매일 약 30 ℓ 가량의 활성산소가 체내에서 발생하는 셈이다. 우리는 산소를 마시면서 살고 있지만 산소는 본래 쇠를 녹슬게 하고 대부분의 물질을 산화시켜 버리는 성질을 가지고 있다. 활성산소는 산소보다도 산화력이 훨씬 강해 세포 자체를 산화시키는데 바로 이 세포 손상이 노화와 질병의 원인이 된다. 그러나 생명체는 세포를 복원하는 강력한 힘을 갖고 있다. 특히 인간은 활성산소로부터 몸을 지키는 능력이 뛰어나서 활성산소가 발생했다고 해서 바로 병들지는 않는다.

좋은 활성산소는 면역과 생리 활성화에 기여하지만 독성 산소는 노화는 물론 암 등 각종 질병을 일으킨다. 독성산소는 세포 안의 DNA를 공격하고 그렇게 되면 DNA 구조가 깨져 돌연변이 암세포가 된다.

독성산소는 고강도의 운동, 스트레스, 과식, 음주, 흡연, 방사선, 초음파 및 환경오염 등으로 발생한다. 현대의학에서는 동맥경화, 중풍, 심근경색, 기미, 잔주름에서부터 암, 백혈병, 아토피성 피부염 등 대부분의 질병이 발생하는 직접적인 원인으로 인체내에 지나치게 생성된 독성 산소를 들고 있다. 많은 학자들은 세균과 바이러스에 의해 감염되는 병들을 제외한 질병의 90% 정도가 급격히 증가한 독성 산소 때문이라고 진단한다.

수소는 독성산소만을 선택적으로 제거할 수 있고 인체 각 기관 및 뇌세포에까지 도달하는 항산화제다. 수소수(水素水)란 수소가 풍부하게 함유된 물이다. 물은 수소와 산소로 이루어져 있다. 물 분자($H2O$)에 수소분자 ($H2$)가 들어있다.

이 물 분자 자체를 구성하고 있는 수소와는 별개로 수소 분자가 첨가되어 있는 상태를 수소수라 한다. 좋은 물이란 순수하고 깨끗한 물, 세균이나 인체에 해로운 물질이 함유되어 있지 않은 물, 칼슘, 나트륨, 칼륨, 마그네슘 등 미네랄이 적당히 함유된 물이다.

수소수가 바로 그런 물, 인간이 만들어낸 이상적인 물이라 할 수 있다. 다만 정수 방법과 전기분해 방식을 통해 만들어지는 한계가 있다. 일부 학자들은 각종 질병 예방치료 효과를 기대하기에는 임상적 근거가 부족해 권장하기는 어렵다는 연구 결과를 내놓고 있다.

미네랄은 우리 몸에서 아주 중요한 요소다. 미네랄이 부족하면 피부가 거칠어지고 수족 냉증이 발생하며 편두통, 경련, 저림, 부정맥, 근력저하 등 온갖 증상이 발생한다. 미네랄이 가장 풍부한 물은 해양심층수다. 바다 밑 200m의 해수다. 태양광이 미치지 않아 지상에서의 생활, 산업 물질, 화학 물질 등에 오염되어있지 않은 물이다. 지상에서의 온갖 병원균과 유해 물질에 덜 오염된 물이다. 그래서 질소, 칼슘, 인 등의 영양분이 풍부하다. 미네랄이 풍부해 근력저하, 알레르기, 편두통이 개선되고 신진대사가 촉진된다.

심층수는 표층수보다 염분, 카드뮴, 아연 성분이 많고 납은 적다. 심층수는 표층수보다 더 짜다. 우리나라에도 울릉해양심층수가 많이 알려져 있다.

동아일보 동우회보 제84호 2022년 5월 16일

80 넘으면 홀로살기와 죽음 대비해야

노년 부부 중에 누군가는 먼저 죽는다. 그러면 혼자 남게 되는데 갑자기 혼자서 지탱하고 혼자서 의식주를 해결해가는 일이 그렇게 쉽지 않다. 그렇다면 혼자 사는 연습을 미리 해야 한다. 그렇지 않으면 더욱 힘든 노년기를 보낼 수밖에 없다.

사람은 이 세상에 홀로 왔다가 홀로 떠난다. 당신은 이 세상을 어떻게 떠나고 싶은가? 한마디로 어떻게 죽고 싶은가? 필자의 경우 병원은 싫고 요양원은 더 싫고 내 집 내 침대에서 조용히 죽고 싶다. 하지만 그때 나를 돌 봐줄 사람이 있을까? 만약 아내가 나보다 먼저 세상을 떠났다면 그땐 어떻게 해야 할까? 죽음이란 드라마처럼 그렇게 우아하게 찾아오지 않는다.

나이를 먹고 쇠약해진 몸으로 혼자 죽어가는 것은 매우 힘들고 쓸쓸한 일이다. 몸이 아파서 오랜 기간 병치레를 하다 죽을 경우는 이루 말할 수 없을 만큼 처참하기까지 하다.

요즘 70세가 넘은 많은 노인들이 현재 살고 있는 집에서 계속 살아야 할 것인가, 아니면 시니어타운으로 옮길 것인가를 고민하게 된다. 노인들이 모이면 어느 지역 시니어타운이 좋은지가 화제에 오른다. 시니어타운 건설 붐이 일어나 수원, 고창 지역 등지의 시니어타운으로 많은 노인들이 몰려 들고 있다. 시니어타운에는 골프장, 테니스장, 수영장, 산책로 등이 있고 다양한 취미클럽 활동이 많아 노인들이 백세시대의 낙원으로 생각하고 있는 듯하다.

그러나 몇십 년 후 시니어타운이 어떻게 변할까에 대해서는 별로 관심이 없다. 얼마전 '뉴욕 타임스'가 백세 시대 노인촌이 어떻게 변하고 있는가에 대한 특집기사를 보도했다. 이 기사는 시니어타운이 영원한 파라다이스가 아니라는 것을 여실히 보여주고 있다.

부부가 같은 날 죽을 수는 없는데 시니어타운에 이 같은 현상이 심해져 홀몸 노인, 즉 싱글 노인 인구가 늘어나고 있다. 뉴욕 타임스는 일본의 시니어 타운에서 35년을 살아온 이토 할머니의 일기장을 입수해 보도했다.

그 내용을 보면 그토록 화려했던 시니어타운이 35년 후에 독거노인촌으로 변해 버렸다. 특히 부인을 잃은 남자 노인들은 집안을 자주 청소하지 않아 쓰레기가 쌓이고 타운 전체가 지저분해져서 초로(初老) 노인들이 입주를 꺼려 아파트 값이 떨어져 시니어타운이 시들어가고 있다. 특히 치매 노인이 많아 동네에서는 가출 신고가 빈번한가하면 노인이 사망한지 며칠이 되었는데도 옆집에서 조차 몰라 방치되는 경우가 허다하다.

85~90세가 되면 운전도 하지 못하게 되고 모임에도 나갈 수 없거니와 수영장에도 가기 힘들어 시니어타운의 좋은 시설들이 아무 의미가 없어진다.

이런 상태에서 시니어타운에서 가장 중요한 것이 무엇일까. 그것은 고독을 해결하는 것이라고 한다. 이 문제를 해결해 주는 사람은 자식들이 아니라 시니어타운에서 사귄 친구들이다. 자식들은 멀리 떨어져 있는 데다 시니어타운에 맡겨져 있는 가족에게 별 관심도 없어서 아무런 도움이 되지 못한다. 할 일이 없는 사람들에게는 이웃 친구 만나는 것이 유일한 낙이라고 한다. 그런데 이런 친구들은 70세 이전부터 미리 사귀어 놓아야지 85세가 넘으면 사귀기가 어려워 잘못하면 외톨이 생활을 할 수 밖에 없다.

외로움은 노인들이 겪어야 하는 최고의 형벌이다. 이와 관련해서 일본에서는 놀라운 새로운 현상이 일어나고 있다. 여성 노인들이 슈퍼마켓에서 생선이나 고기를 버젓이 훔친다. 이런 행위는 평균 1년 5개월정도의 징역형을 받게 되는데도 일부러 훔친다. 감옥에 가면 무엇보다 사람들이 북적거려 외롭지 않고 교도소에서 건강까지 살펴 주고 운동까지 시켜주기 때문이다. 교도소가 노인들의 피신처로 바뀌고 있어 일본 정부가 골머리를 앓고 있다.

'독거노인' 시대에 들어섰다. 부부 두 사람 중 누군가는 먼저 세상을 떠나게 마련이다. 노인들은 혼자 사는 연습을 해야 한다. 특히 남자 노인들은 요리 강습에 참여하는 등 부인을 잃었을 경우 자립할것을 염두에 두어야 한다. 남자들이 겪어야 하는 서바이벌 훈련인 셈이다. 혼자 사는 연습도 중요하지만 홀로 떠나는 문제 역시 중요하다. 사람이 밖에서나 집안에서 쓰러지면 보통 곧 바로 병원 응급실로 실려 간다. 뇌출혈이라면 의사는 머리를 열고 혈관을 묶어 지혈한 다음 혈전을 제거한다. 심근경색이라면 심장혈관에 가는 관을 삽입하고 막혀 있는 혈전을 녹인다. 호흡이 어려우면 관을 넣어 인공호흡기에 연결한다.

요즘은 이처럼 고도의 치료술이 발달되어 있어 단숨에 죽는 일이 결코 쉽지 않다. 그런데 이런 치료를 받으면 상당히 높은 확률로 반신불수 등의 심각한 후유증을 떠안게 된다. 그리고 이어지는 재활치료도 너무나 힘들다. 그러다가 튜브나 인공호흡기에 연결된 채로 죽게 되는 경우가 허다하다. 사람들은 정말 자연스럽고 편안하게 죽고 싶지만 현대 사회에서는 이같은 바램이 쉽게 이루어지지 않는다.

국내에서 안락사는 안되지만 조력존엄사는 허용되어 있다. 조력사는 의사의 도움을 받되 스스로 치사량의 약을 먹거나 주사하는 일종의 자살행위다. 심한 고통에 시달리는 말기 불치병 환자를 대상으로 허용된다. 최근 죽음에 대비한 사전의료의향서가 고령자들의 관심을 끌고 있다. 죽음에 임박해 어떤 치료를 받고 싶은지에 대해 판단 능력이 있을 때 미리 문서로 남겨놓는 것이다. 병원 등에서 만든 양식도 있지만 특별한 양식없이 자유롭게 작성해도 된다. 이 의향서는 법적 효력은 없지만 의식을 잃은 뒤 가족이나 의사에게 연명치료에 대한 자신의 의사를 전달할 수 있다.

예를 들어 '자력으로 먹거나 마실 수 없다면 억지로 음식을 입에 넣지 말라' '수액, 튜브 영양투입, 수혈 등 연명치료는 절대 하지 않는다' '구급 차는 절대 부르지 않는다. 병원에 실려 왔다면 인공호흡기를 연결하지 않는다' '인공호흡을 1주일 이상 지속해도 의식이 돌아오지 않으면 장치를 떼어 내라' '내가 고통을 느끼고 있는 것 같다면 모르핀 같은 통증 완화 처치는 해달라' '식물인간 상태가 되어도 가능하면 계속 살고 싶다' '내 생명을 연장하고자 힘쓰고 있는 분들께 진심으로 감사 드린다' '마지막 소원을 들어 주기 바란다. 결코 후회하지 않을 것을 여기에 맹세한다. 연 월 일 ○ ○ ○ '(자필서명)

이 의향서는 작성 때 가족의 동의도 받고 고칠 것이 있으면 매년 새롭게 고쳐 써도 된다.

동아일보 동우회보 제85호 2022년 7월 18일

이런 경우 암(癌)에 걸릴까? 안걸릴까?

우리가 어떤 현상에 부닥쳤을 때, 또는 대화 중에 긴가민가하는 경우가 적지 않다. 특히 건강과 관련해서 음식 섭취에 관해 더욱 그렇다.

탄 음식을 먹으면 암에 걸릴까?

된장이 암예방에 효과가 있을까?

고기를 많이 먹으면 암에 걸리기 쉬울까?

주변에 너무나도 암 환자가 많고 자신도 암에 걸리지는 않을까 하는 걱정도 없지 않아 이런 긴가민가하는 내용에 대해 많은 사람이 궁금해 한다. 일본의 세계적인 암학자 곤도 마코토 교수가 이에 대한 해답을 내놓았다.

탄음식을 먹으면 암에 걸릴까? '탄 음식에는 미량이지만 발암물질이 들어 있다. 쥐에게 탄 음식을 먹여 위암이 발생하게 하는데 성공한 실험이 있다. 그러나 이때의 탄 음식은 인간이라면 불에 탄 음식을 밥그릇으로 하나 가득 수십 년간 먹은 양에 해당 한다.'

식재료에는 미량의 발암물질이 포함되어 있다. 특정 식재료에 특히 많이 포함되어 있을 수 있으므로 탄음식 여부를 가리는것보다 발암성 물질이 포함된 재료를 따져보고 음식 종류를 다양하게 섭취 하는 것이 중요하다.

된장과 낫토는 암 예방에 효과가 있을까? '동물성 단백질 섭취가 늘어나고 있는 현대인이 된장과 낫토를 먹는 습관을 되찾는다면 암발생이 줄어들지는 단언할 수 없지만 건강 수명은 분명 늘어난다.'

고기를 많이 먹으면 암에 걸리기 쉬울까? '미국에서 십수만명을 대상으로 식사 습관에 관한 조사를 한 결과 육식이 암사망률을 높인다는 점이 밝혀졌다. 미국에서의 또 다른 연구는 소시지와 햄을 많이 먹은 그룹은 그렇지 않은 그룹과 비교했을 때 췌장암 발병률이 68%나 증가했다. 고기만이 아니라 특정 음식 편식은 좋지 않다.'

술과 뜨거운 음식은 암의 원인이 될까? '음주가 간암, 식도암, 유방암, 대장암 발병률을 높인다고 세계보건기구가 지적했는데 그중 확실한 것은 간암이다. 뜨거운 음식을 먹으면 암에 걸린다는 확실한 증거는 현재로는 없다.'

병이 나을 거라는 강한 의지가 암을 없앨 수 있을까? '의지만으로 암이 없어지는 경우는 없다. 저절로 암이 작아지거나 사라지는 현상은 종종 나타나는데 구체적인 원인은 알 수 없다.'

스마트폰 전자파로 뇌종양에 걸릴 가능성이 있을까? '미국과 유럽의 조사에서 뇌종양이 증가하는 것 같다, 또는 증가하지 않는다는 결과까지 그 내용이 다양하다. 현시점에서는 스마트폰 전자파로 뇌종양이 증가할 가능성을 부정할 수는 없다고 생각하는 것이 좋다.'

착한 사람은 위험하다? 암에 걸리기 쉬운 성격이 있을까? '착한 사람, 나쁜 사람, 또는 성격을 의학적으로 정의할 수는 없어 이를 암발병률과 관련짓는 연구는 없다. 뇌와 신경이 어떻게 작용하든지 간에 암 예방과는 무관하다.'

숙변, 변비는 대장암의 원인이 될까? '배변 횟수가 일주일에 3회 미만인 경우를 변비라고 한다. 한때 변비가 대장암 발병률을 높인다는 주장이 있었지만 여러 조사 연구 결과 변비가 대장암 발병률을 높인다는 증거는 없다.'

당뇨병에 걸린 사람은 암에 걸리기 쉽다? '서구와 일본에서 당뇨병에 걸리면 췌장암, 대장암, 유방암 등이 증가한다는 연구결과가 있지만 단정하기에는 자료가 부족하다. 다만 발암 작용이 지적된 당뇨병 치료제를 복용하면 그럴 가능성이 없지 않다.'

'암 가족력'이라고 말하는데 암이 유전되는 것일까? '대부분 암은 우연히 생긴 것이다. 다만 소수이지만 암에 걸리기 쉬운 체질에서 유전되는 경우는 있다. 안젤리나 졸리에게서 발견된 '브라카1'은 부모로부터 유전된다.'

감기 잘 걸리는 사람은 암도 걸리기 쉽다? '감기에 잘 걸리는 것은

체질이 허약하기 때문이다. 감기에 잘 걸리는 것과 암 발생은 관계가 없다.'

일광욕을 하면 피부암에 잘 걸린다는 것은 사실일까? '사실이다. 햇빛에 노출되는 정도와 인종(人種)에 따라 다른데 햇빛에 포함된 자외선은 방사선의 일종이므로 유전자를 다치게 해 일반 세포가 암세포로 변한다. '

출산 경험 유무로 암 발병률이 달라 질까? '출산 경험이 있는 사람은 그렇지 않은 사람과 비교해서 유방암, 난소암, 자궁암 발병률이 낮다고 알려져 있다. 출산 경험이 많을수록 유방암 발병률이 낮아진다. 난소암, 자궁암도 비슷하다.'

암에 걸리기 쉬운 직업이 있을까? '발암성 물질을 다루는 직업은 당연히 암 발병률이 높다. 방사선과 의사에게 생기는 피부암은 방사선 피폭때문이다. 원자력발전소 노동자에게 생기는 백혈병도 마찬가지다.'

암의 자각증상이 나타났을 때는 이미 치료 시기를 놓친 것일까? '암은 다른 장기로 전이되면 조기에 발견해 수술해도 잘 치료되지 않는다. 그러나 장기 전이가 있는 암이어도 오래 사는 경우가 얼마든지 있다. 시기를 놓쳤다 는 말은 가능한 한 쓰지 말아야 한다.'

암 치료 중에는 일을 하지 않는 것이 좋을까? '체력과 기력이 있다면 일을 해도 지장이 없다. 암에 악영향을 미치지 않는다.'

암 치료 중에 좋아하는 음식을 먹어도 될까? '무엇이든 먹어도 괜찮은데 다만 골고루 먹어야 한다. 암과 맞서 싸울 체력을 키우기 위해서라도 잘 먹어야 한다.'

비타민C 요법은 정말 효과가 있을까? '고용량 비타민C 요법의 항암 효과를 인정한 연구는 없다. 오히려 신부전 등의 부작용을 일으킬 위험성도 있다. 미국에서는 의사가 고용량(高用量) 비타민C 요법을 쓰면 의사면허를 박탈당한다.'

사람에게서 사람으로 감염되는 암이 있을까? '암세포에 의해 감염되는 일은 없다. 그러나 인간 파필로마 바이러스 같은 암의 원인이 되는 바이러스가 사람을 통해 전염되는 일은 있을 수 있다.'

진짜 암과 유사암을 가려내는 방법이 있을까? '현미경으로 구분하는 것은 불가능하다.'

잘라내지 않아도 되는 암이 있을까? '암의 진행도와 상관없이 절제하지 않는 것이 좋다. 진짜 암은 절제해도 장기 전이때문에 나을 수가 없고 유사 암이라면 방치해도 죽지 않는다.'

직장에서 하는 건강검진의 X선 검사는 피폭으로부터 안전할까? 외국에서도 그런 암 검진을 할까? '흉부 X선 촬영의 피폭량은 CT의 100분의 1정도이지만 가능한 한 피하는 것이 좋다. 직장에서의 암 검진이 사업화되고 있어 효과가 없다는 자료가 나와도 그만둘 수가 없어 대체로 하고 있다.'

고령자의 암은 방치해도 괜찮을까? '기본적으로 암은 방치하는 것이 유리한데 고령자일수록 더욱 그렇다.'

백신 접종에는 위험이 따른다고 들었는데 정말일까? '그렇다. 일반인들에게 백신 부작용 내용이 은폐되고 있다.'

국립암연구센터 정보는 신뢰해도 될까? '표준 치료내용은 확인할 수 있지만 불이익에 관한 내용 등 환자에게 정말 필요한 정보는 거의 없다.'

가족이 환자 본인에게 암을 알리지 않는다는 선택을 할 수 있을까? '암은 알려주어야 한다. 그러나 치매 증상이 있는 사람에겐 하지 않는 편이 좋을수 있다.'

동아일보 동우회보 제86호 2022년 9월 20일

갈수록 늘어나는 노인성 난청

나이들면서 친구 만나기도 힘들었는데 며칠 전 대학 동기 5명이 모처럼 만나 얘기를 나눴다. 그런데 모두 큰 소리로 제말만 하는 바람에 의사 전달이 쉽지 않았다. 모두 83세인데 3명이 심한 난청으로 보청기를 끼고 있었고, 한 명은 아예 한쪽 귀가 안 들 린다고 했다. 그래서 서로 큰 소리로 말해야만 했다.

국내 난청 환자 수가 늘고 있다. 2011년 33만5천명에서 2021년 10년 만에 54만2천명으로 연평균 5.6%씩 늘었다. 소리는 귀를 지나 달팽이관과 신경을 거쳐 뇌에 도달한다. 소리가 잘 들리지 않는다는 것은 이 과정 중 어딘가에 문제가 있는 것이다. 난청은 소리가 작게 들리거나 멀리서 오는 것으로 느끼는 증상이다. 들리는 소리의 성질이 바뀌어 말소리가 왜곡되거나 깨져서 들리고 특정 소리에 불쾌감이 생기는 경우도 있다. 시끄러운 곳에서는 소리 자체가 들리지 않거나 소리의 방향에도 무뎌진다.

난청 증상은 원인에 따라 본인도 모르게 서서히 진행할 수도 있고 어느날 갑자기 발생할 수도 있다. 한쪽 귀만 안 들리거나 양쪽 귀가 비슷하게 안 들리기도 한다. 귀울림(耳鳴)은 난청과 동시에 오는 경우가 많다. 갑자기 난청이 발생하면 난청보다 귀울림이 더 심하다고 느끼기도 한다. 난청에 따라 어지럼증, 귀의 통증, 분비물 발생을 동반하기도 한다.

난청의 가장 큰 원인은 노화이다. 30대 후반부터 청각 노화가 시작되는데 65세에는 4명당 1명, 85세에는 2명당 1명, 95세에는 누구나 난청이 생긴다. 청력은 한번에 손상되지 않고 서서히 진행한다. 초기에는 높은 주파수대의 소리가 잘 들리지 않다가 점점 낮은 주파수대도 들리지 않게 된다. 일상 대화중 상대방의 말을 한 번에 알아듣지 못하고 계속해서 되묻는다면 난청을 의심해야 한다.

난청은 청력 손실이 더 진행되기 전에 치료해야 한다. 난청을 발견한 후 5년 이상이 지나면 뇌세포가 망가졌을 가능성이 크다. 뇌세포까지 영향을 미친 후에는 수술해도 효과가 없다.

난청은 원인을 규명하는것이 중요하다. 먼저 외이도와 고막의 상태를 봐야 한다. 청력 검사는 난청 여부와 난청 정도를 판단하는데 필수적이다. 청력 검사 결과에 따라 진단과 처방이 크게 달라진다. 병원에서는 특수 청력검사, 측두골(側頭骨) CT, 측두골 MRI를 권장하기도 한다.

239

원인에 따라 당연히 치료방법도 달라진다. 전음성(傳音性) 난청은 외부소리가 달팽이관까지 전달되지 못하거나 전달의 효율에 문제가 있는 경우다. 따라서 항생제 등을 이용한 약물 치료나 중이염 수술 등으로 치료할 수 있다.

감각신경성 난청은 약물치료로 일부분 또는 완전히 호전시킬 수도 있다. 갑자기 청력이 감소하는 돌발성 난청은 증상을 발생한지 한 달 이내에 집중적으로 약물치료를 하는 것이 매우 중요하다. 청력 회복을 기대하기 어렵거나 좋아질 여지가 없는 경우에는 보청기를 써야 한다.

일반적으로 청력 손실 정도가 26dBHL때부터 난청으로 정의한다. 작은 소리는 듣지 못하는 26~40dBHL의 경도(輕度) 난청은 청각 재활치료가 필요하다. 40dBHL 이상은 말소리를 잘 알아듣지 못하고 거리가 떨어져 있는 사람과의 대화가 어려워지는데, 이때부터 보청기를 사용해야 한다. 언어 이해가 불가능한 70dBHL 이상 고도 난청은 특수 기능을 강화한 보청기가 필요하다.

보청기는 난청의 원인을 정확하게 진단한 후에 처방받아야 한다. 최근에는 초소형 보청기와 귀를 완전히 막지 않아 불편이 덜한 보청기도 나와있다. 보청기는 가격보다 본인에게 맞는 것을 사용하는 것이 중요하다.

최근 소음에 의한 난청이 점차 늘어나고 있다. 가능하면 소음에 노출되지 않는 것이 좋지만 부득이하게 노출되는 경우는 반드시 귀를 보호해 강한 소음에 노출되지 않도록 해야 한다. 음악을 크게, 장시간 들으면 달팽이관이 손상돼 영구적인 난청이 될 수도 있다. 특히 이어폰으로 음악을 크게 듣는 청소년기에는 청력 보호에 신경을 써야 한다.

지하철에서 음악을 크게 들으면 100dB 이상이 되므로 2시간 이상 계속 들으면 심각한 난청이 될 수 있다. 음악의 볼륨을 50% 정도 낮추는 것이 좋다. 또 강한 충격음을 반복적으로 들어 소음성 난청이 생기는 경우도 적지 않다. 이 경우 수주 이내에 청력을 회복하지 못하면 영구적인 난청과 귀울림으로 고생 할 수 있다.

난청을 방치하면 치매에 걸릴 수도 있다. 미국 존스홉킨스대 교수팀이 12년 동안 성인 639명을 추적조사한 결과 경도 난청자가 정상 청력을 가진 사람보다 치매에 걸릴 확률이 배나 높게 나타났다. 좀더 심한 난청은 치매 위험이 3배 높았고 중증 난청은 5배나 더 높았다고 한다.

사람은 소리를 들으면 뇌 기능이 활발해진다. 그러나 난청이 심하면 뇌 활동이 줄어 들고 인지기능도 떨어진다. 청력 손실 때문에 이해하지 못하는 부분을 극복하기 위해 뇌를 과도하게 사용하는 바람에 과부하에 걸려 인지기능이 떨어질 수도 있다. 난청은 우울증이나 낙상 사고의 원인이 되기도 한다.

나이가 들면 눈도 나빠지고 귀도 어두워지고 이빨 손상도 심해지기 마련이다. 자연적인 흐름을 어찌 막을 수 있겠는가. 그러나 세상을 하직할 때까지는 가능하면 산도 보고, 바다도 보고, 꽃도 보고, 가족들 예쁜 얼굴도 보아야 하지 않겠는가. 또 음악도 듣고, 강의도 듣고, 새소리도 듣고, 가족들의 아름다운 목소리도 들어야 하지 않겠는가. 너무 호들갑을 떨일은 아니지만 항상 눈과 귀에 신경을 써서 나이를 먹어서도 잘 보고 잘 들을 수 있도록 힘써야겠다.

귀가 좀 안 들린다고 해서 그렇게 낙심할 필요는 없다. 필자가 평생 가장 존경하고 스승으로 모시는 분이 '듣지 못하는 분'이었다. 그분의 묘소를 참배하기 위해 오스트리아 빈까지 가서 고개 숙여 장미꽃을 바쳤다. 악성(樂聖) 루드비히 폰 베토벤 선생님이다.

빈의 중앙묘지(젠트랄프리드호프)에는 베토벤을 비롯해 모차르트, 슈베르트, 브람스, 요한 스트라우스 등 음악의 대가들이 한데 모여 편안히 쉬고 있다. 베토벤은 음악가로서 가장 소중한 청력을 잃었는데도 수많은 불후의 명작을 후세에 남겼다. 선생은 전 세계의 장애인들에게 희망과 용기를 안겨주었다. 세계의 청년들이 가장 사랑하는 시인 라이너 마리아 릴케는 '말테의 수기'에서 그를 이렇게 칭송했다.

'잡음이 만드는 혼탁과 허망에 팔리지 않고 자신의 내부에서 일어나는 소리만 듣도록 하기위해 신이 청각을 막아버린 음악가, 베토벤. 세기의 완성자여! 은혜로운 비가 되어 이 땅을 적시고 바다 위에 내리

고 모든 만물 위에 떠돌며 하늘을 형성하는 자….'

동아일보 동우회보 제87호 2022년 11월 21일

70대가 장수(長壽) 여부 결정되는 중요한 때

70대 초반의 사람들은 전쟁 전에 태어난 70대 후반, 80대에 비해 훨씬 젊고 건강하고 체격도 좋다. 대략 열살 정도 젊어진 것 같다. 이처럼 건강한 70대가 늘어난 것은 6·25 동란 이후 영양상태가 개선되었고 생활 수준이 크게 호전되었기 때문이다.

인생 100세 시대의 70대는 수명도 대폭 연장되어 80세, 90세가 되어도 70대처럼 건강하게 활약할 수 있다. 의학의 발달로 초장수 시대에 들어섰는데 이런 현상은 우리의 인생 설계를 크게 바꿔야 할 요인이 되고 있다. 종래에는 기껏해야 10년 정도였던 늙음의 기간이 15년에서 20년으로 연장되었기 때문이다.

인간은 의학적 진보에 따라 질병을 이겨내면서 수명을 연장해 왔다. 예를 들어 결핵을 해결해 동양인 평균 수명이 20년 정도 늘었다. 현대의학이 엄청난 속도로 진보하고 있어 가까운 미래에 암 치료법도 찾아낼 가능성이 있다. 암을 극복한다면 평균 인간 수명이 5년 정도 더 늘어날 것으로 추정된다. 그러나 치매는 어쩔 수가 없다.

85세 이상이 되면 대개 치매가 온다. 고령 사망자 병리 해부보고서를 보면 85세 이상의 노인중 뇌에 알츠하이머성 치매 증상이 보이지 않는 분이 없다. 이 정도 나이가 되면 뇌는 확실히 늙어 간다. 앞으로 수명이 100세 가까이 연장된다는 사실은 신체는 건강하게 유지할 수 있지만 뇌 건강은 그럴 수 없는 불균형 상태가 된다. 결과적으로 치매 등과 함께 보내는 노년기간이 길어지는 끔찍한 만년이 기다리고 있다.

현재의 기능을 어떻게 80대 이후에도 유지할지가 중요하다. 제대로 대처한다면 신체도 뇌도 젊음을 유지할 수 있고 간병 받는 시기도 늦출 수 있다. 건강한 80대로 연착륙하기 위해서는 70대가 매우 중요한 시기다. 현재 항노화 의료의 진보는 눈부시다. 그래도 80대에 들어서면 대부분 늙어간다. 아무리 발버둥쳐도 늙음을 받아들여야 하는 시기가 반드시 찾아온다.

젊은 시절의 건강과 맑은 머리를 유지하고 싶다면 70대는 늙음과 싸울 수 있는 마지막 기회다. 이 시기 매일매일의 노력이 이후 찾아올 80대의 모습을 크게 좌우한다. 노력 여부에 따라 훗날 큰 차이가 난다.

평소 일상생활에서 누으려는 행위가 노화를 앞당긴다. 80세에 이르러 누으려고만 하거나 간호만 바라는 사람이 있고 매일 산책하거나 수영, 골프 등 스포츠를 즐기는 노인도 있다. 고령자가 되면 신체 능력과 기능에서 개인차가 크다. 젊은 사람이라면 질병으로 10일 정도 병실에 누워있었어도 퇴원 후 즉시 평상 생활로 돌아갈 수 있다. 하지만 고령자가 되면 그렇지 않다. 10일 동안이나 몸져 누워 있으면 운동기능이 단번에 약해진다. 뇌 기능도 급속히 떨어진다. 고령자는 특히 뇌 기능을 유지하려면 계속 사용하는것이 중요하다.

50, 60대 사람이 아무것도 하지 않고 빈둥빈둥 생활했다해도 하반신이나 뇌 기능이 쇠약해지는 일은 거의 없다. 하지만 빈둥빈둥 생활하는 70대의 경우는 바로 기능이 쇠약해진다. 70대가 몸을 움직이지 않거나 머리를 사용하지 않으면 금방 쇠약해진 고령자가 된다.

70대 때 신체기능과 뇌 기능을 계속 사용하면 80, 90대에 간병인을 부르는 시기를 늦출 수 있다. 활동량이 떨어지지 않도록 의욕저하를 피하며 전두엽과 남성호르몬의 활성화를 촉진시켜야 한다. 70대에서 습관 만들기가 중요한 이유는 대부분 70대 전후로 일을 그만두기 때문. 현역으로 일할 때는 필요에 의해 활동할 수밖에 없다. 하지만 은퇴하면 몸을 움직이거나 머리 쓰는 일 따위가 줄어든다. 이 시기부터 의도적으로 노력하지 않으면 운동기능도, 뇌 기능도 계속 유지할 수 없다. 그래서 70대 때 좋은 습관을 들이는 것은 정말 중요하다.

80대 들어 새로운 습관을 들이는 것은 아주 힘들다. 퇴직 후 뇌 활동이 없으면 치매 위험이 뒤따른다. 반상회나 아파트 관리, 취미 모임에서 책임을 맡는 것도 좋다. 자원봉사 활동도 좋은 선택이다. 80대 건강을 유지하기 위해서는 이전 연령대처럼 매사에 의욕을 유지하는 것이 가장 중요하다.

먼저 먹는것부터 살펴 보자. 가장 권하고 싶은 것은 고기를 먹으라는 것이다. 고령이 되면 육류를 줄이고 채소 중심 식사가 몸에 좋다고 하는 사람이 많지만 꼭 그렇지는 않다. 그래서 그런지 70세 이상의 5명중 1명이 단백질 부족이다. 동양인 식생활도 서구화되고 있다지만 그래도 미국인 육류 섭취량의 절반도 안된다.

미국인만큼 먹을 수는 없지만 아직 동양인에게 고기 섭취량은 부족하다. 이런 경향은 고령자일수록 강하게 나타난다. 나이 들수록 뇌신경 전달물질인 세로토닌이 감소된다. 이때문에 의욕이 떨어지고 우울증에 걸리는 사람도 늘어난다. 고령이라도 생활 습관을 바꿔 트립토판이라는 아미노산이 많이 함유된 고기를 먹어야 한다.

고기 섭취는 세로토닌 생성이 촉진되어 의욕저하를 막는다. 의욕저하는 전두엽을 노화시킨다. 전두엽이란 대뇌의 전방 부분으로 사고와 창조의 의욕, 이성(理性) 등의 관련 부위다. 인간적인 호기심이나 감동, 공감이나 설렘같은 미묘한 감정을 담당한다. 이곳이 약해지면 의욕이 떨어지고 예상외의 사건에 대처하는 것도 어려워진다. 전두엽 노화를 막기 위해서는 변화있는 생활을 해야한다. 늙으면 매일 반복해서 정해진 시간에 식사하고, 산책하고, 라디오 청취, TV 시청을 하며 항상 같은 시간에 취침하는 생활이 반복된다. 이런 생활로 전두엽의 노화가 계속 진행된다.

70대가 되면 자신의 생활방식이 단조롭지 않은지 체크해 볼 필요가 있다. 매일 같은 코스만 산책할 것이 아니라 가보지 않은 색다른 산책로에 들어서는 것도 좋다. 전철을 타거나 승용차로 조금 달려 평소 잘 모르는 장소에서 걷는 것도 좋다. 식당이나 가게도 단골집만 갈 것이 아니라 가끔 새로운 곳에 들러보자. 그렇게 하면 전두엽이 최대한으로 작동한다고 생각하자.

70대가 되면 만남도 점점 귀찮아진다. 남성 호르몬 감소때문이다. 여성은 폐경후 남성 호르몬이 증가해 활동력이 강해진다. 아내는 멀쩡하게 친구들과 나들이하고 다니는데 남편은 집에만 틀어박혀 있는 것이다. 이 경우 사랑이나 교제가 매우 중요하다. 교제는 전두엽을 사용하는 것으로 남성 호르몬이 조금씩 증가한다.

70대 이후가 되면 가족과의 사별도 감내해야 한다. 과거에는 40대 정도에서 부모를 떠나 보냈지만 지금은 70대가 되어 부모가 사망하는 경우와 배우자와 사별하는 사람들이 점점 늘어난다. 가까운 사람과의 사별에서 우울증에 걸리는 사람도 적지 않다. 이 경우 부모나 아내에 대한 죄책감을 갖는 경우가 많다. 불효라든가, 아내에게 잘해주지 못했다는 자괴감에 빠지지 않아야 한다. 배우자 사별로 풀이 죽어 단번에 늙어가는 사람도 적지 않다. 이를 극복하려면 그 괴로운 마음을 솔직하게 털어놓을 친구가 있어야 한다. 친구에게 그 슬픔을 털어놓으면 마음이 구원되고 재기하는 힘도 생긴다. 한마디로 70세가 되어도 절대로 고립 되어서는 안 된다. 〈와다 히데키 저서 '70대가 노화의 갈림길'을 참조했음〉

동아일보 동우회보 제88호 2023년 1월 25일

노년(老年)의 미학, 그리고 존엄사

오랫동안 소식 없던 벗들에 관한 소식이 오는데, 그것은 죽었다는 소식이다. 최근 동우들 부음도 더욱 자주 오는 것 같다. 최근 편집국과 논설실에서 함께 근무했던 민병문 전 논설실장의 부음을 받고 여러 생각이 떠올랐다.

80이 넘었다면 자신에 대한 그런 소식도 그리 멀지 않은것 아닐까. 빈소에서 일행과 이런저런 이야기 끝에 동아일보 견습 7기생 11명 중 김광협, 김욱한, 남중구, 문명호, 민병문, 박기성, 우승룡 등 벌써 7명이 별세했고 전혀 연락이 되지 않는 분도 있다. 소식이 없으면 살아 있는 것이므로 오히려 무소식이 희소식인가.

요즘엔 화장(火葬)을 많이 한다. 화장장 정문에서부터 영구차와 버스들이 밀려있다. 관이 전기화로 속으로 내려가면 고인의 이름 밑에 '소각 중'이란 문자등(燈)이 켜지고, 40분쯤 지나면 '소각 완료', 또 10분쯤 지나면 '냉각중'이라는 글자가 켜진다. '냉각 완료'되면 흰 뼛가루가 줄줄이 컨베이어 벨트에 실려 나온다. 성인 한 분이 한 되 반 정도 된다. 이렇게 처리되는데 1시간도 안 걸린다.

화장장 직원이 뼛가루를 봉투에 담아 유족들에게 하나씩 나누어 주면 유족들은 미리 준비한 옹기에 뼛가루를 담아 목에 걸고 돌아간다. 금방 있던 사람이 금방 없어져 버렸다. 요즘에는 유족들이 울지도 않는다. 뼛가루는 남은 사람들의 슬픔이나 애도와는 별 관련도 없고 그냥 인간 생명의 종말 처리 과정으로 남아있는 것 같다. 죽으면 말길이 끊겨 죽은 자는 산자에게 자신의 죽음과 화장과정에 대해 뭐라 말할 수도 없고 유족들도 그에 대해 아무런 생각도 없다.

죽음은 날이 저물고, 비가 오고, 바람이 불고, 다시 날이 새는 것과 같은 자연현상으로 뭐라 이론을 제기할 것도 아닌데, 떠나면 그만인데, 뭘 그렇게 신경 쓰고 고뇌할 일이 있겠는가. 그냥 일상생활을 하듯, 잠을 자듯, 이 방에서 저 방으로 문턱 넘어가듯 하는 일인데….

하지만 바로 내 자신에게 닥칠 문제여서 그런지 뭔가 지워지지 않는 것이 있다. 그렇지만 나 역시 단순하게 생각해버리자는 결론에 이르렀다. 그렇지않고 또 뭐 할말이나 일이 있겠는가. 그런 상념에 호응해줄 사람도 없지않는가. 남은 것 있으면 다 주고 가자, 주변 사람, 특히 자식들 힘들게 하지 말고 가자, 질척거리지 말고 가자, 지저분한 것들을 남기지 말고 가자.

집안을 둘러보니 이사한지가 오래 되어서 그런지 거실, 안방, 서재,

부엌, 현관 등에 엄청나게 많은 물건들이 쌓여있다. 신발장도 가득 차 있다. 아내가 물건을 버리지 못하는 습성이라 더욱 그렇다. 사실 값나가는 것도 없다. 지금까지 지니고 있었던 것 거의 모두가 이제 쓰레기다. 이 쓰레기더미 속에서 한 생애가 지나간다. 아내와 나, 둘 중에 한 사람이 먼저 가고 또 뒤이어 따라 갈 것이다. 그동안 조금씩 버리기는 했지만 이제부터는 드나들 때마다 조금씩 쇼핑백에 넣어서 버려야겠다. 직업이 그래서인지 책이 엄청나게 많다. 수 천 권을 고창 시골 집에 옮겨다 놓았는데 또 엄청나게 쌓여있다. 이것도 고창에 옮겨 놓아야겠다고 마음먹고 있지만 자식들이 어떻게 처분해버릴지는 알 수 없다.

유언(遺言) 운운하면 좀 어색한 기분이 들지만 해야 한다면 아주 쉽고 짧게 하고 싶다. 내가 먼저 죽게 되면 '그동안 내가 엄마에게 잘하지 못했으니 너희들이 잘 모셔라'라는 '책임 전가'는 꼭 할 예정이다. 내 비문(碑文)은 내가 써 놓을 작정이다. 아버지 별세하신 후 주변에서 써 올린 비문이 있었지만 내용에 부족한 점이 많이 느껴져 내가 직접 써 비석에 새겼다. 나는 8대 종손이다. '뼈대있는 가문'을 내세우고 싶지는 않지만 뼈나 뼈대의 소중함은 아주 깊이 느끼고 있다.

어쨌든 필자는 화장(火葬)하지도 않고 납골당에 들어가지도 않고 조부모 등 선대(先代)가 계신 고창 선산에 묻혀 자연으로 돌아갈 심산이다. 나는 조부모를 통해서 우주의 행성중의 하나인 지구라는 별에 떨어져 한평생 지내다가 사라지는 것이라고 생각한다. 나는 신은 믿지 않지만 모든 것이 자연 회귀, 내지는 우주의 조화라고 믿는다. 퇴계 이황은 죽음이 임박하자 '조화를 따라서 사라짐이여! 다시 또 무엇을 바라겠는가' 라는 시문을 남겼다고 한다

의술의 목표는 살리는 것이고 죽음이 아니다. 그러나 충분히 다 살고 죽으려는 사람들의 마지막 길을 의사는 품위 있게 인도해주어야 한다. 죽음은 쓰다듬어 맞아들여야지, 싸워서 이겨야 할 대상이 아니다. 다 살고 가는 사람의 마지막 시간을 파이프를 꽂아 붙잡아 놓고 힘들게 하면서 떠나지 못하게 하는 의술은 바람직하지 않다. 환자의 존엄한 죽음보다 구차한 연명만을 우선시하는 치료나 임종처리 기관으로 전락한 호스피스도 마찬가지다.

정부가 값싼 노인 부양을 위해 공급한 요양시설의 처참한 모습과 일부 관리자들의 비상식적 행태는 도저히 용납하기 어렵다. 많은 사람들이 이런 현상을 알면서도 그런 요양원에 떨쳐지고 있는 현실이 안타깝다. 모든 요양원이 다 그렇지는 않겠지만 필자 부부는 어떻게든 요양원이나 실버타운엔 가지 않고 생을 마감하겠다는 각오다. 다른 것은 몰라도 그에 필요한 경비만은 따로 마련해놓을 작정이다.

부유층을 중심으로 존엄사가 공식적으로 인정되어 시행하는 나라 스위스로 가는 경우가 적지 않다고 한다. 우리나라에서도 완전한 안락사가 시행되어야 한다. 지난해 국회에서 말기 환자 중 본인이 희망

하는 경우 담당 의사의 조력을 받아 삶을 종결할 수 있도록 하는 조력존엄사법이 발의되었다. 죽음은 삶과 맞닿아 있다. 노년엔 더욱 그렇다. 존엄한 죽음에 대해 머리를 맞대고 논의해 사회적 합의를 이끌어 내야 한다. 물론 존엄사를 악용할 수 있는 경우를 철저히 가려내는 지혜도 담겨 있어야겠다.

갈때 가더라도 살아생전엔 아름답게 지내야 한다. 봄꽃보다 가을 단풍이 더 아름답다. 아침 이슬도 아름답지만 해질녘 저녁놀은 더 아름답다. '삶의 유혹(誘惑)'과 '죽음의 공포(恐怖)', 이 두 가지에서 벗어나고자 고민하는 것이 인생의 마지막 참 공부다. 죽음을 향해 가는 길이 늙음의 내리막길이다. 등산도, 인생도 오르는 길이 힘들지만 내려가는 길은 더더욱 어렵다. 삶의 길을 멋지게 내려가기 위해 늙음의 미학을 살펴본다.

늙음의 미학 첫째는 '비움'이다. 박경리도, 박완서도 버리고 갈것만 남아서 참 좋다고 했다. 꽃이 비록 아름답지만 꽃을 버려야 열매를 맺는다. 처녀가 아름답지만 처녀를 버려야 옥동자를 낳는다. 죽음이란 '버림'의 끝이다. 쟁취의 청춘도 아름답지만 버림의 노년도 아름답다. 주먹을 쥐고 태어나는 것은 세상에 대한 욕심이요, 손바닥을 펴고 죽는 것은 모든 소유로부터의 비움이다. 집지양개(執之兩個) 방측우주(放則宇宙), 두 손으로 잡아보았자 두 개뿐이요, 놓으면 우주가 내것 아닌가. 죽음이 인생의 진리를 깨우쳐준다.

늙음의 미학 둘째는 '노련'이다. 노련이란 단어에 늙을 로(老)자를 쓴다. 오랜 세월의 경륜에서 노인은 노련한 경험과 지혜의 결정체다.

늙음의 미학 셋 째는 '점잖음'이다. 노인이 되면 언행이 무겁되 어둡지 않다. 품격이 고상하되 야하지 않다. 그래서 점잖다. 젊은 이처럼 감성에 쉬 휘둘리거나 분위기에 가볍게 흔들리지 않는다.

늙음의 미학 넷째는 '생각'이다. 노인이 되면 이런저런 생각이 많아 했던 말을 또 하기도 한다. 하지만 그 생각은 일념통천 (一念通天)의 지혜의 샘물이다. 그저 자리만 차지하고 있는게 아니라 세상을 염려하고 가문을 세우면서 늘 그 자리를 지키고 있다.

늙음의 미학 마지막은 '마음은 청춘'이다. 60세면 40세로 생각하고, 90세면 60세로 생각한다. 마음마저 육신과 똑같이 늙었다고 생각하면 삶이 위축된다. 중요한 것은 죽는 날까지 젊은이의 기상으로 살아가야 한다. 젊은 생각으로 씩씩한 만년을 지내야 한다. 아름다움의 끝은 죽음이다. 단풍잎이 어느 이름 모를 바람에 느닷없이 똑 떨어 지듯이 그렇게 죽는 것이 오복의 하나인 고종명(考終命)이다.

동아일보 동우회보 제89호 2023년 3월 20일

80대 청년
90대 장년
100세 初老의 지혜

조강환의 건강100세

2023년 12월 5일 초판 발행

저　　자 : 조강환

발 행 인 : 우승우

발 행 처 : J·M미디어

디 자 인 : 문디자인

주　　소 : 서울특별시 중구 을지로41길 24

전　　화 : (02) 2267-9646

등　　록 : 2012.10.18. 제301-2012-214호

값 15,000원

ISBN 979-11-963402-1-6